BETOW
D0752552

Samuel Piché

D'après une idée originale d'Alex A.

Presses Aventure, une division de
Les Publications Modus Vivendi Inc.
55, rue Jean-Talon Ouest
Montréal (Québec) H2R 2W8
CANADA

www.groupemodus.com

Éditeur : Marc G. Alain
Responsable de collection : Marie-Eve Labelle
Auteur et illustrateur : Alex A.
Infographiste : Vicky Masse
Correctrice : Catherine LeBlanc-Fredette

Dépôt légal — Bibliothèque et Archives nationales du Québec, 2015
Dépôt légal — Bibliothèque et Archives Canada, 2015

ISBN 978-2-89751-002-2

Nous reconnaissons l'aide financière du gouvernement du Canada par l'entremise du Fonds du livre du Canada pour nos activités d'édition.

Gouvernement du Québec — Programme de crédit d'impôt pour l'édition de livres — Gestion SODEC

Imprimé au Canada

LE CASTOR À JAMAIS

PRESSES AVENTURE

POUR TOUS MES FANS.

CASINO

CARTES.
NEUF À LA BANQUE.
J'AI BESOIN DE MILLE DE PLUS.
J'ADMIRE VOTRE COURAGE, MADAME...?
TRENCH. SYLVIA TRENCH.
ET J'ADMIRE VOTRE CHANCE, MONSIEUR...?

JEAN.
AGENT JEAN.
M. JEAN, JE SUPPOSE QUE ÇA NE VOUS DÉRANGERAIT PAS...
D'AUGMENTER LA LIMITE?
JE N'AI PAS D'OBJECTION.
CE NE SERA PAS POSSIBLE, MADAME.
CE N'EST PAS LÉGAL.

LE CASTOR! QU'EST-CE QUE TU FAIS LÀ? TU VEUX JOUER, TOI AUSSI?
PFF, ARRÊTE UN PEU. JE PARIE QUE TU NE COMPRENDS STRICTEMENT RIEN À CE JEU!
C'EST VRAI. MAIS ÇA FAIT COOL!
NON?
HÉ! OÙ SONT PASSÉS LES AUTRES? OÙ SOMMES-NOUS?
DANS UN RÊVE, JEAN. TU ES INCONSCIENT, SOUS SIX TONNES DE CIMENT.
AH OUIII... LA STATUE... S'EST ÉCROULÉE...
PAS SEULEMENT LA STATUE. L'ÉDIFICE AU COMPLET.
C'EST TOI QUI AS FAIT ÇA?

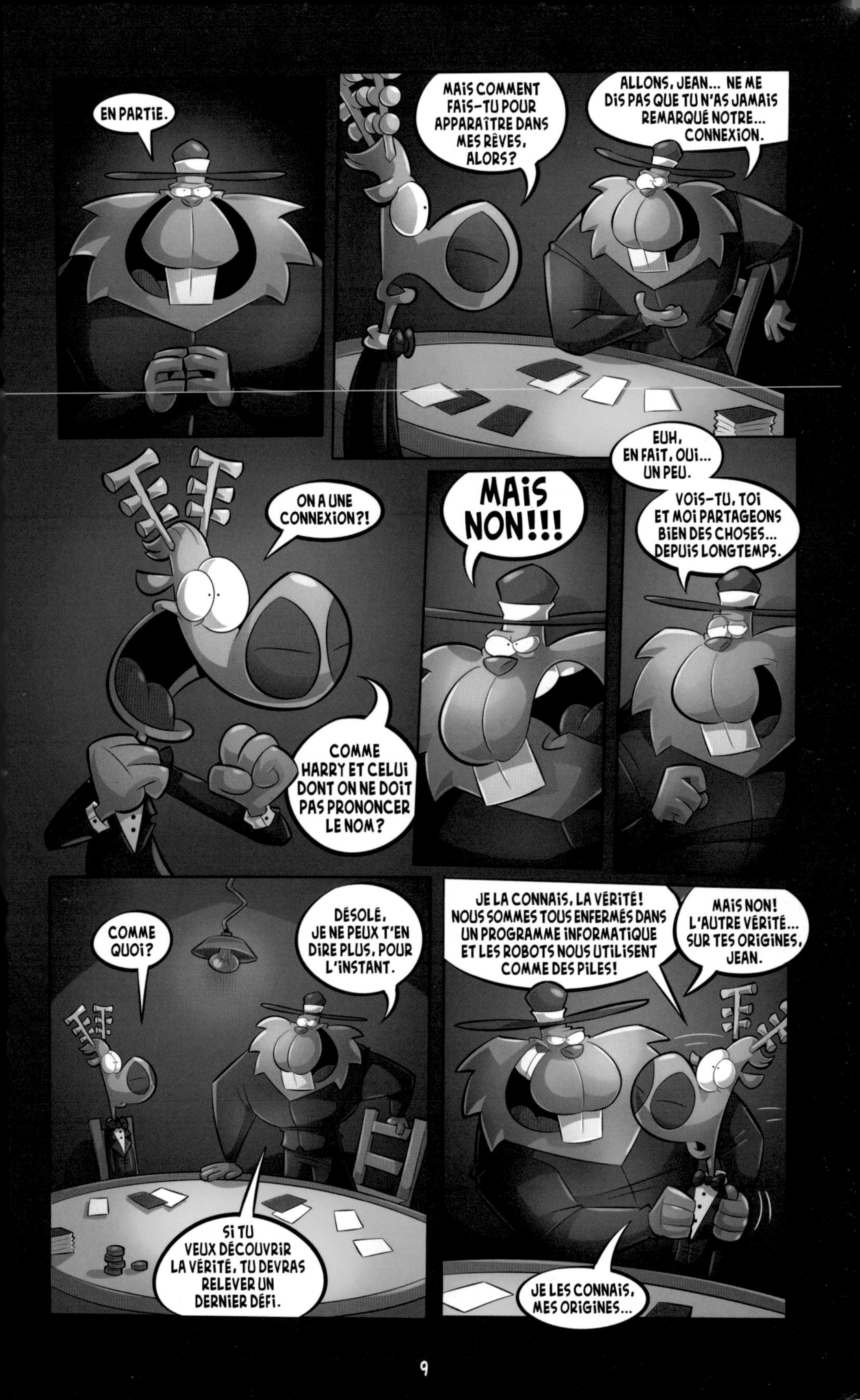
EN PARTIE.
MAIS COMMENT FAIS-TU POUR APPARAÎTRE DANS MES RÊVES, ALORS?
ALLONS, JEAN... NE ME DIS PAS QUE TU N'AS JAMAIS REMARQUÉ NOTRE... CONNEXION.
ON A UNE CONNEXION?!
COMME HARRY ET CELUI DONT ON NE DOIT PAS PRONONCER LE NOM?
MAIS NON!!!
EUH, EN FAIT, OUI... UN PEU.
VOIS-TU, TOI ET MOI PARTAGEONS BIEN DES CHOSES... DEPUIS LONGTEMPS.
COMME QUOI?
DÉSOLÉ, JE NE PEUX T'EN DIRE PLUS, POUR L'INSTANT.
SI TU VEUX DÉCOUVRIR LA VÉRITÉ, TU DEVRAS RELEVER UN DERNIER DÉFI.
JE LA CONNAIS, LA VÉRITÉ! NOUS SOMMES TOUS ENFERMÉS DANS UN PROGRAMME INFORMATIQUE ET LES ROBOTS NOUS UTILISENT COMME DES PILES!
MAIS NON! L'AUTRE VÉRITÉ... SUR TES ORIGINES, JEAN.
JE LES CONNAIS, MES ORIGINES...

VRAIMENT?
RENDS-TOI SUR LE TOIT DES RUINES DE L'ÉDIFICE A POUR MIDI. SI TU Y ARRIVES, TU SAURAS TOUT.
ET SI JE N'Y ARRIVE PAS?
VOYONS... DEPUIS QUAND L'AGENT JEAN RATE-T-IL UNE MISSION?
ALLEZ, À TOUT À L'HEURE. MAINTENANT...
ON SE RÉVEILLE!
CLAK

WOW...
ÇA A COGNÉ
DUR.

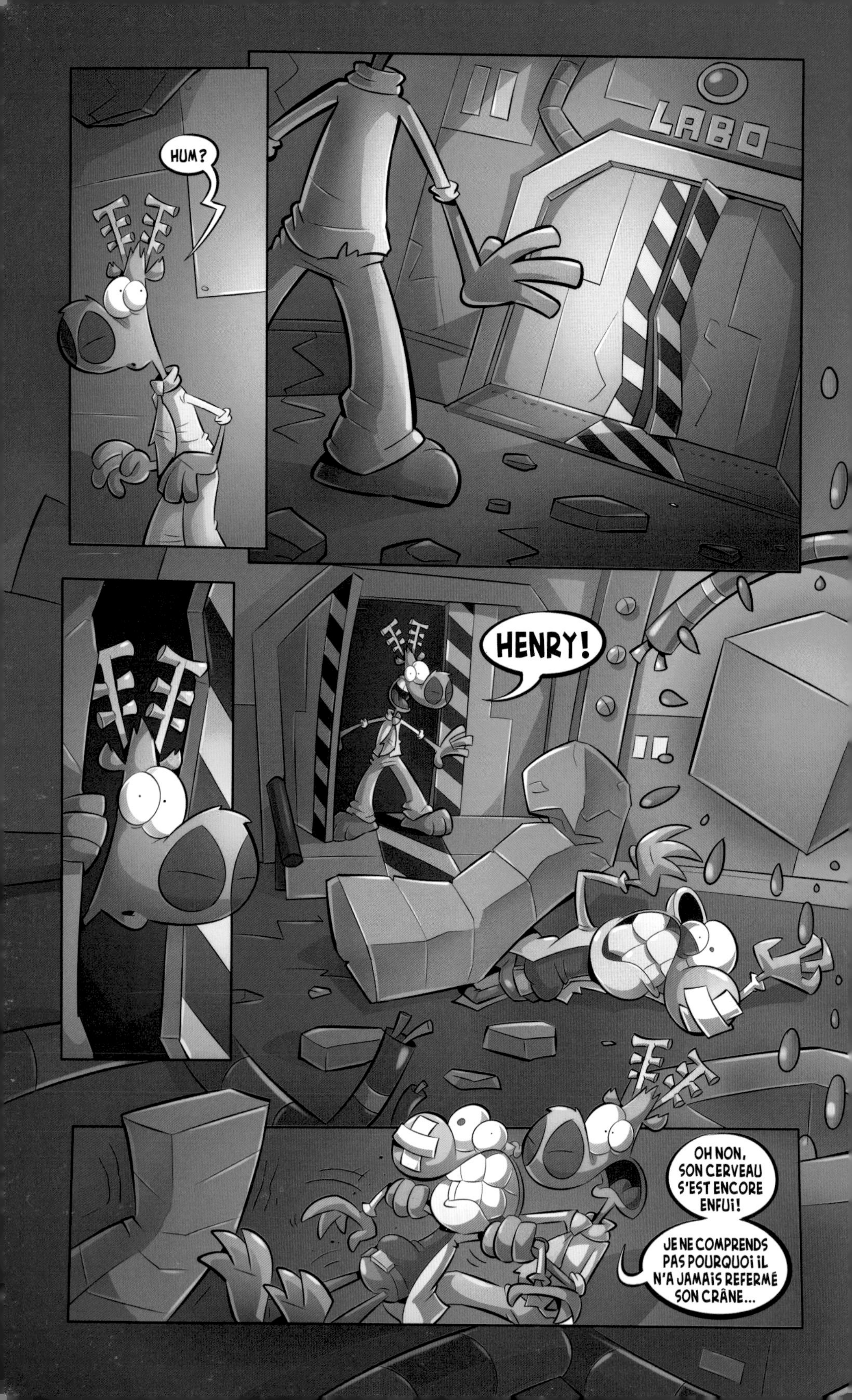
HUM ?
LABO
HENRY !
OH NON, SON CERVEAU S'EST ENCORE ENFUI !
JE NE COMPRENDS PAS POURQUOI IL N'A JAMAIS REFERMÉ SON CRÂNE...

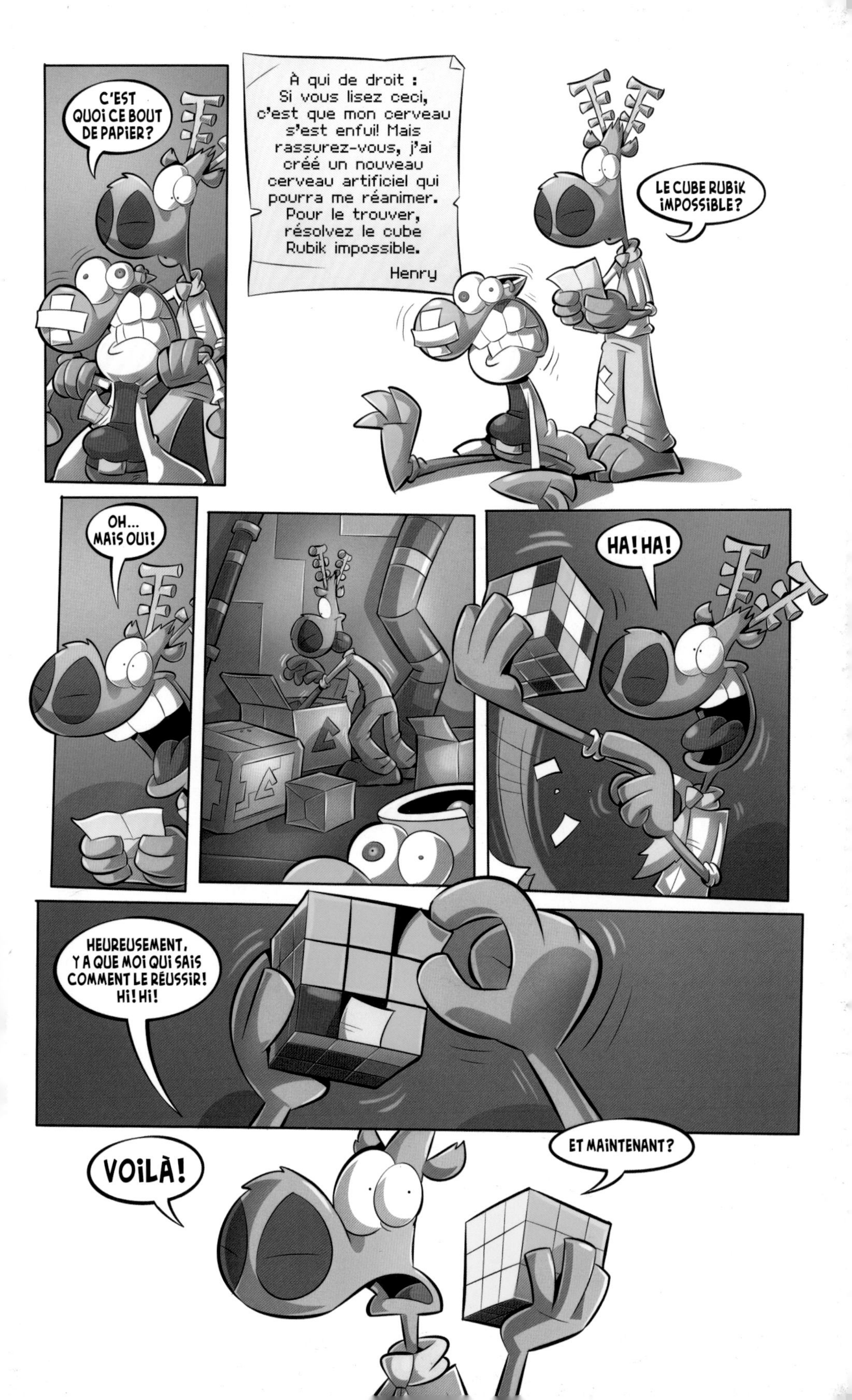
C'EST QUOI CE BOUT DE PAPIER?
À qui de droit :
Si vous lisez ceci, c'est que mon cerveau s'est enfui! Mais rassurez-vous, j'ai créé un nouveau cerveau artificiel qui pourra me réanimer. Pour le trouver, résolvez le cube Rubik impossible.
Henry
LE CUBE RUBIK IMPOSSIBLE?
OH... MAIS OUI!
HA! HA!
HEUREUSEMENT, Y A QUE MOI QUI SAIS COMMENT LE RÉUSSIR! HI! HI!
VOILÀ!
ET MAINTENANT?

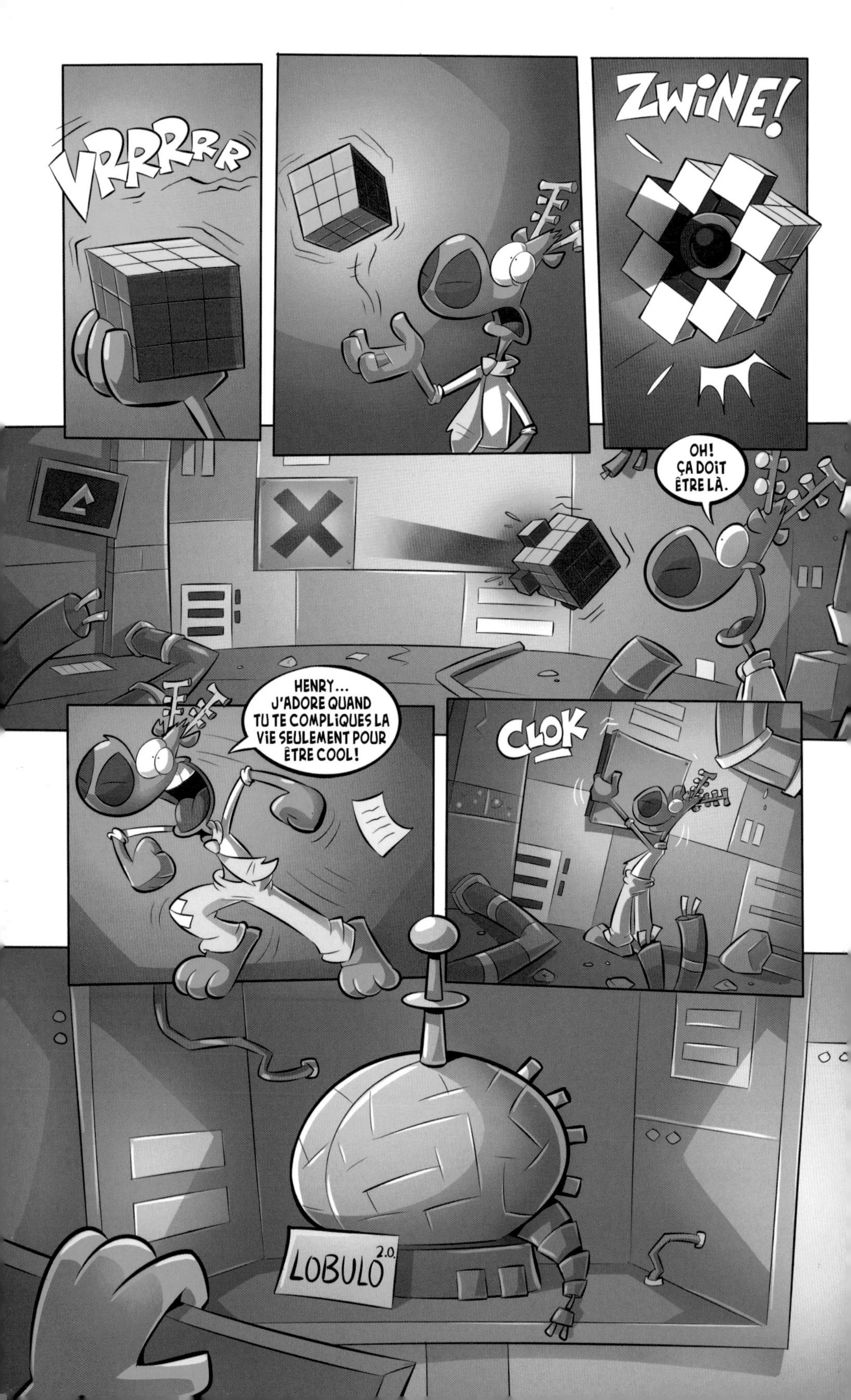
VRRRRRR
ZWINE!
OH! ÇA DOIT ÊTRE LÀ.
HENRY... J'ADORE QUAND TU TE COMPLIQUES LA VIE SEULEMENT POUR ÊTRE COOL!
CLOK
LOBULO 2.0.

NE BOUGE PAS! JE TE LE BRANCHE.
BiP
iiiiiiiiiiiiiiiGGGGG GGGGGGGGNNNNNN NNNNNNN
01000101010010101 0 11101010100101 0010 010101001010 1 010010 DÉMARRAGE 01001001 01000101001011010101 OUVERTURE DU 0100101 0 SYSTÈME D'EXPLOITATION 0100010101010101 001010011101001010 10 10101001010100110
POURQUOI C'EST TOUJOURS LONG COMME ÇA, LES DÉMARRAGES?
010001010010101 SYSTÈME NEURAL CONNECTÉ 010000101110101
ACTIVATION.
JEAN!
BON MATIN, HENRY!
WAAA! QU'EST-CE QUI S'EST PASSÉ?! MON LABO?!

OH NON... JULIEN-CHRISTOPHE S'EST SAUVÉ!
TU NE T'EN SOUVIENS PAS?
LAISSE-MOI UNE CHANCE! JE VIENS QUAND MÊME DE PERDRE MON CERVEAU...
JE ME RAPPELLE QUE... JE CHERCHAIS LE CADEAU DE MARIAGE DE BILLY ET... J'AI VU QUE L'ÉCRAN D'ORDINATEUR ÉTAIT ALLUMÉ...
LE TEST D'ADN!
MON TEST D'ADN?!
OUI! JE DOIS... ALLER VOIR...
QU'EST-CE QUI SE PASSE? LÈVE-TOI!
JE NE SENS PLUS MES JAMBES...
JEAN... JE CROIS QUE...
JE SUIS PARALYSÉ.

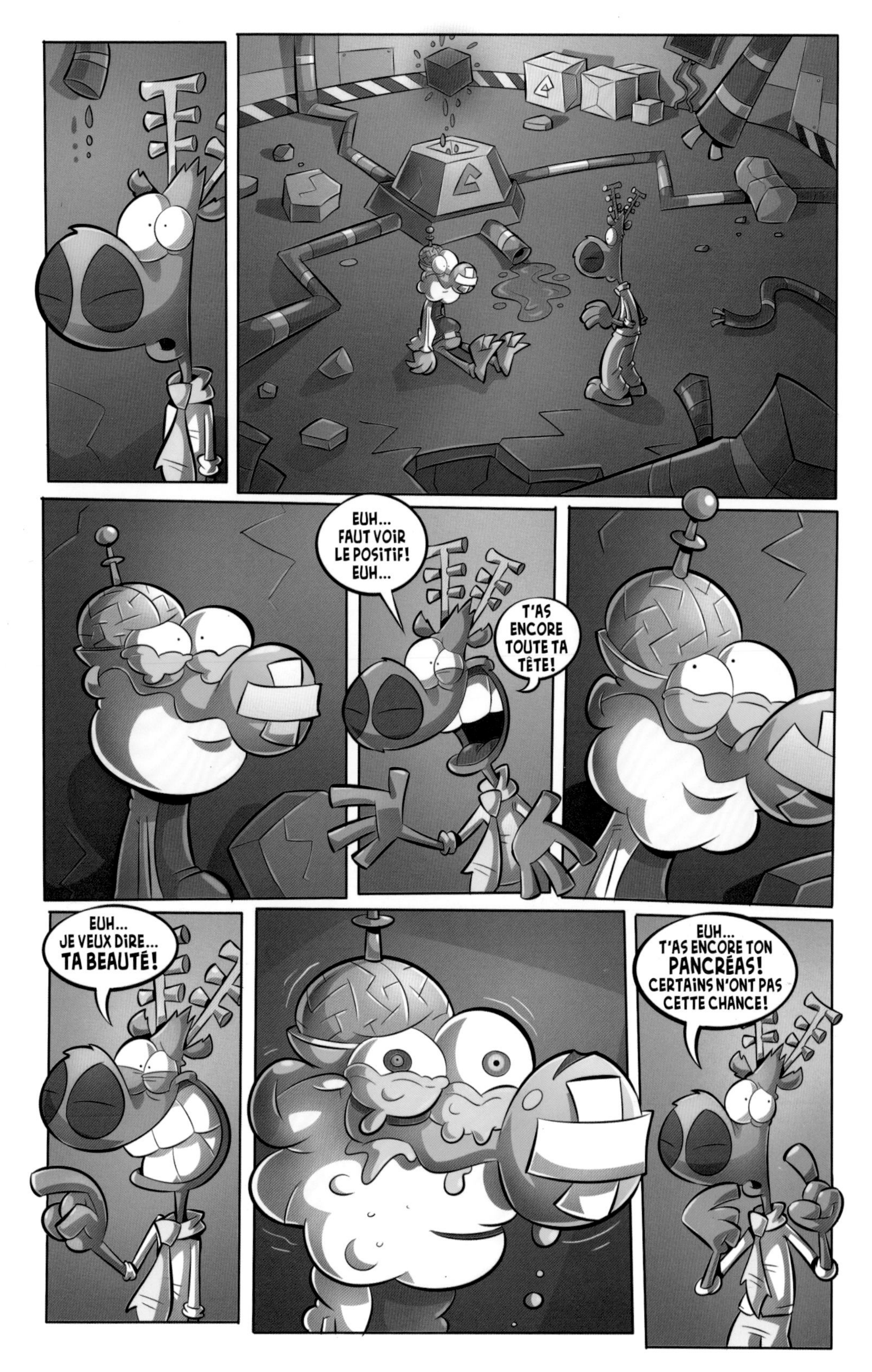
EUH... FAUT VOIR LE POSITIF! EUH...
T'AS ENCORE TOUTE TA TÊTE!
EUH... JE VEUX DIRE... TA BEAUTÉ!
EUH... T'AS ENCORE TON PANCRÉAS! CERTAINS N'ONT PAS CETTE CHANCE!

OUI, BON... T'AS RAISON, ÇA NE SERT À RIEN DE M'APITOYER SUR MON SORT, PAS MAINTENANT.
L'AGENCE A TROP BESOIN DE NOUS.
OUI! ÇA, C'EST MON HENRY. TIENS, ASSOIS-TOI LÀ-DESSUS.
TU PARLAIS DE MON TEST D'ADN?
OUI! JE VENAIS DE VOIR LES RÉSULTATS!
ÇA DISAIT QUOI!?!
JE NE M'EN SOUVIENS PLUS!
ARGH!
RIEN À FAIRE! L'ORDINATEUR EST DÉTRUIT! QU'EST-CE QUI S'EST PASSÉ?
TAP TAP
JE CROIS QUE LE CASTOR A ATTAQUÉ L'ÉDIFICE...
LE CASTOR? MAIS... ON VENAIT DE L'ÉLIMINER!
IL SEMBLE QU'IL NE SOIT PAS TUABLE. JE L'AI DIT QU'IL ÉTAIT FORT!
IL N'Y A PAS QUE LUI QUI NE SOIT PAS TUABLE.

JULIEN-CHRISTOPHE!!!
C'EST UN PEU LONG COMME NOM... VOUS POUVEZ M'APPELER J-C.
J-C!!!
COMMENT T'AS FAIT POUR SORTIR DE MA TÊTE?!
MON PAUVRE HENRY, TU CROYAIS VRAIMENT QUE TU POUVAIS GARDER UN PSYCHOPATHE DANS TA TÊTE SANS QUE ÇA T'AFFECTE?
TU VOIS, JEAN. VA FALLOIR FAIRE QUELQUE CHOSE POUR GABRIEL LOBE.
BAH, IL EST TRANQUILLE POUR L'INSTANT.
TOUS LES JOURS, DEPUIS UN AN, JE SUIS PARFAITEMENT CONSCIENT. J'AI VU TOUT CE QUE TU AS VU ET FAIT.
NON...
TU TE SOUVIENS DE L'ANESTHÉSIANT À CERVEAU QUI TRAÎNAIT DANS LE CENTRE DE SANTÉ? C'EST MOI QUI L'AVAIS PLACÉ LÀ.
MAIS CE N'ÉTAIT PAS TOUT À FAIT UN ANESTHÉSIANT... C'ÉTAIT DE L'EAU SUCRÉE.
SÉRIEUX?!
VOYONS, DE L'ANESTHÉSIANT À CERVEAU... VOUS AVEZ VRAIMENT GOBÉ ÇA!?
J'AVOUE QUE C'ÉTAIT LOUCHE.

ZZZZZZ
OUi.
ET LA NUiT, LORSQUE TU DORMAiS, JE REPRENAiS LE CONTRÔLE ET JE DiSCUTAiS AVEC MON BON AMi...
... LE CASTOR.
OUi.
DEPUiS CETTE NUiT QUE VOUS APPELEZ « L'ÉPiSODE DU CERVEAU DE L'APOCALYPSE », C'EST LUi QUi CONTRÔLE CET ÉDiFiCE.
VOUS N'AVEZ ÉTÉ QUE SES PANTiNS PENDANT UN AN.
VOUS AVEZ DÉTRUiT L'AGENCE!
HA! HA! PAUVRE HENRY. TU N'ES PLUS QUE L'OMBRE DE TOi-MÊME.
EH OUi! C'EST DE MA FAUTE! L'OBJECTiF EST ATTEiNT! ON PEUT MAiNTENANT S'AMUSER...
S'AMUSER...?
PAK!

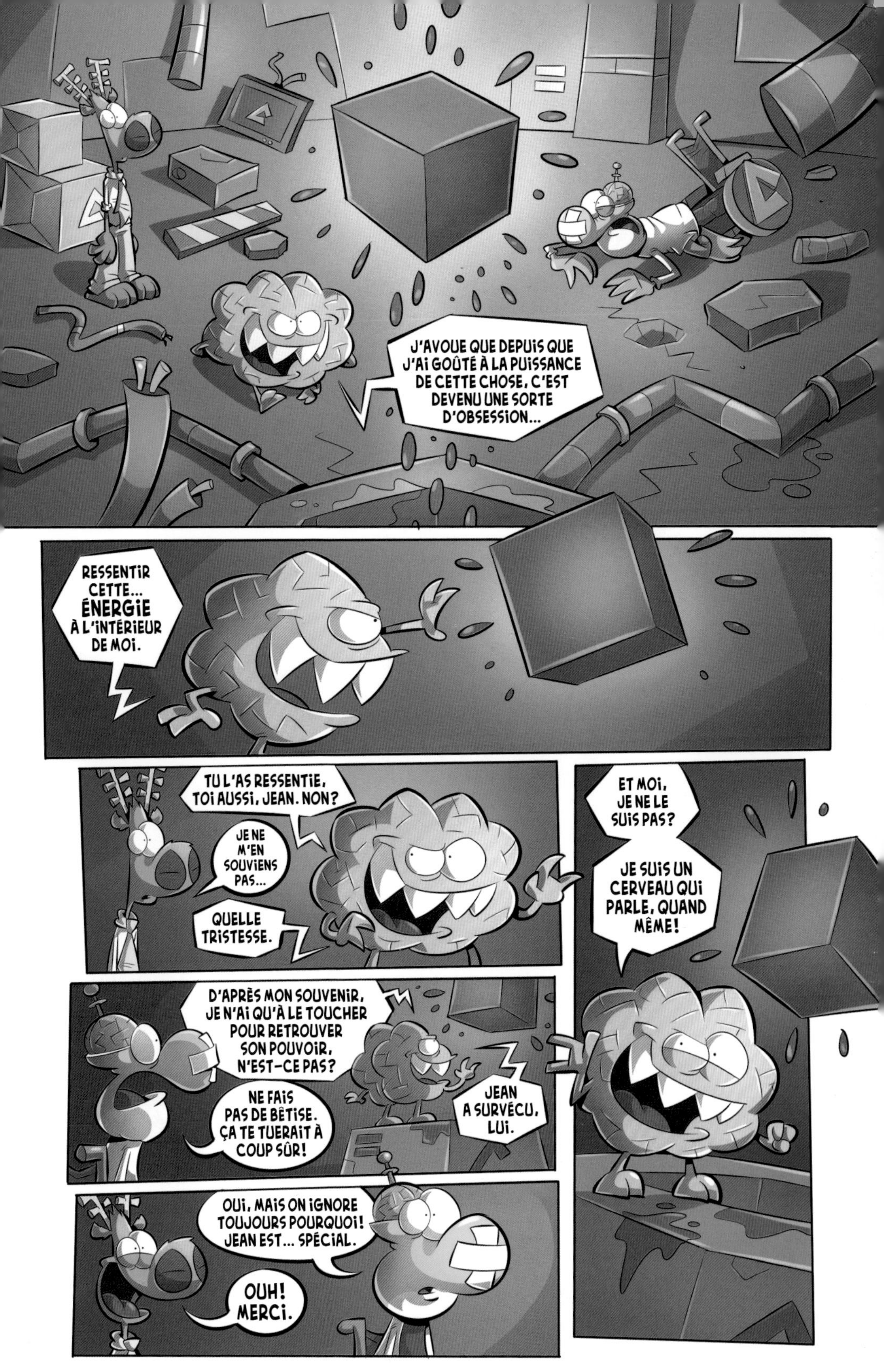
J'AVOUE QUE DEPUIS QUE J'AI GOÛTÉ À LA PUISSANCE DE CETTE CHOSE, C'EST DEVENU UNE SORTE D'OBSESSION...
RESSENTIR CETTE... ÉNERGIE À L'INTÉRIEUR DE MOI.
TU L'AS RESSENTIE, TOI AUSSI, JEAN. NON?
JE NE M'EN SOUVIENS PAS...
QUELLE TRISTESSE.
ET MOI, JE NE LE SUIS PAS?
JE SUIS UN CERVEAU QUI PARLE, QUAND MÊME!
D'APRÈS MON SOUVENIR, JE N'AI QU'À LE TOUCHER POUR RETROUVER SON POUVOIR, N'EST-CE PAS?
NE FAIS PAS DE BÊTISE. ÇA TE TUERAIT À COUP SÛR!
JEAN A SURVÉCU, LUI.
OUI, MAIS ON IGNORE TOUJOURS POURQUOI! JEAN EST... SPÉCIAL.
OUH! MERCI.

ALORS, C'EST PARTI!
NON!
ZZZZZ
ZZZZZZ
KABOUM
BANG
...OK...
J'AURAIS PEUT-ÊTRE DÛ T'ÉCOUTER.
ET DE UNE!
QU'EST-CE QUE TU FAIS?

JE COMPTE LES EXPLOSIONS POUR VOIR COMBIEN J'EN VOIS EN MOYENNE DANS UNE JOURNÉE.
BOUM
EUH, HENRY… LE CUBE N'A PAS L'AIR CONTENT.
OH NON.
FABLASH
J'AI RÉUSSI À GARDER LES YEUX OUVERTS!
ET VOUS?

HÉ! ON LE CONNAÎT, LUI, NON?

JE SUIS L'ULTRA-JEAN. SOUMETTEZ-VOUS À MON CONTRÔLE.
RESISTANCE IS FUTILE.
QU'EST-CE QU'IL A DIT?
QUELQUE CHOSE DE PAS RASSURANT...
DESTRUCTION!
HÉ! ÇA DONNE RIEN, ÇA...
TZIIZ
GULP!

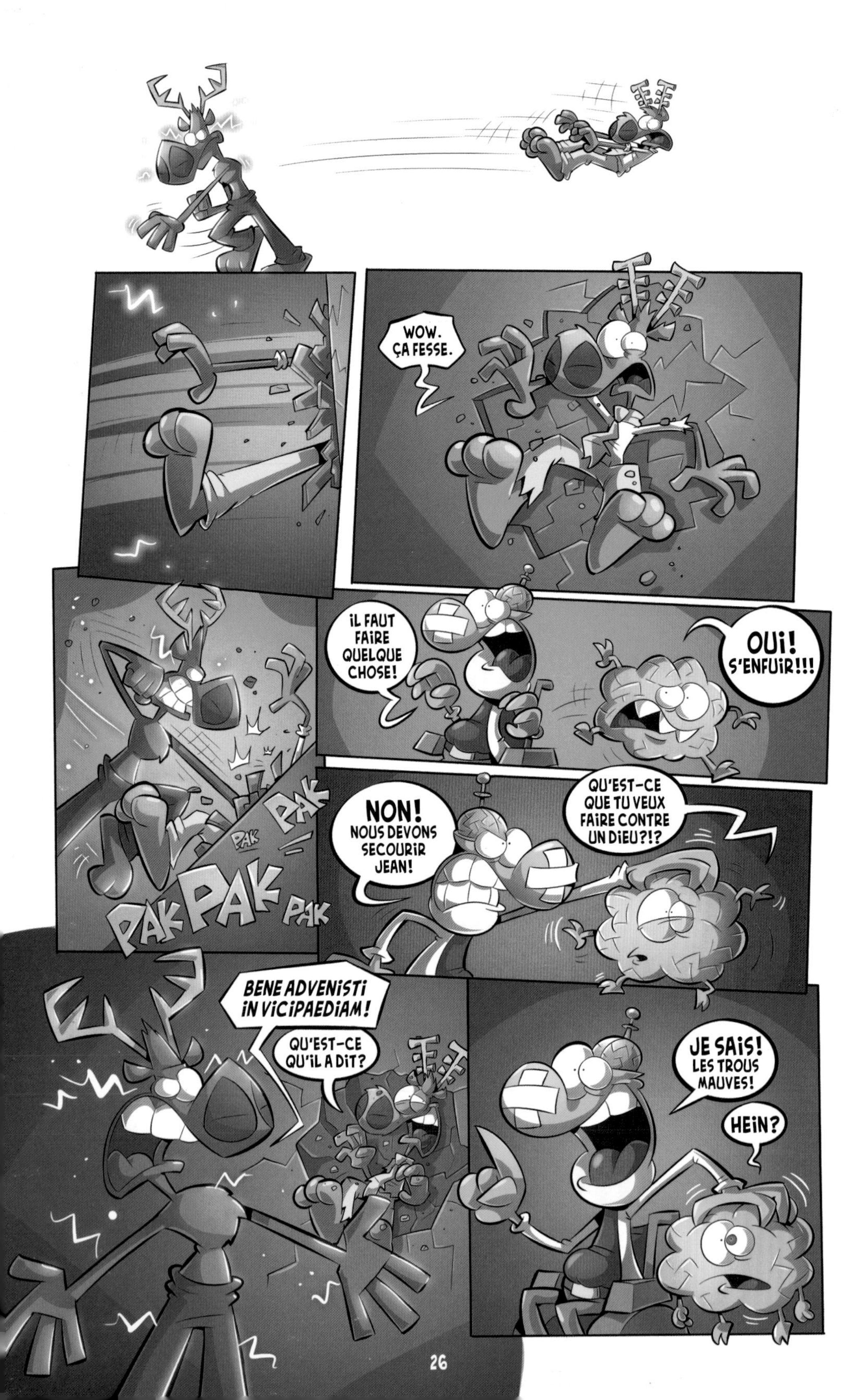
WOW. ÇA FESSE.
IL FAUT FAIRE QUELQUE CHOSE!
OUI! S'ENFUIR!!!
PAK PAK
PAK PAK PAK PAK
NON! NOUS DEVONS SECOURIR JEAN!
QU'EST-CE QUE TU VEUX FAIRE CONTRE UN DIEU?!?
BENE ADVENISTI IN VICIPAEDIAM!
QU'EST-CE QU'IL A DIT?
JE SAIS! LES TROUS MAUVES!
HEIN?

IL N'Y A PAS LONGTEMPS, J'AI RÉUSSI À CRÉER DES TROUS NOIRS ARTIFICIELS GRÂCE À L'ÉNERGIE DU CUBE.
ON POURRAIT FAIRE ENTRER L'ULTRA-JEAN DANS UN PORTAIL!
OUI! TU VOIS? ÇA MARCHE!
STODA
MAIS IL VA RÉAPPARAÎTRE AILLEURS! ÇA RISQUE D'ÊTRE PIRE!
ON N'A QU'À L'ENVOYER DANS UNE DIMENSION PARALLÈLE, ALORS!
ON PEUT FAIRE ÇA?
OUI! SI JE BROUILLE LE CAPTEUR D'ESPACE...
HÉ, LE GROS MAUVE!
GULP!
OH. C'EST PAS LÀ QUE JE VISAIS.
ÇA DEVRAIT MARCHER QUAND MÊME.

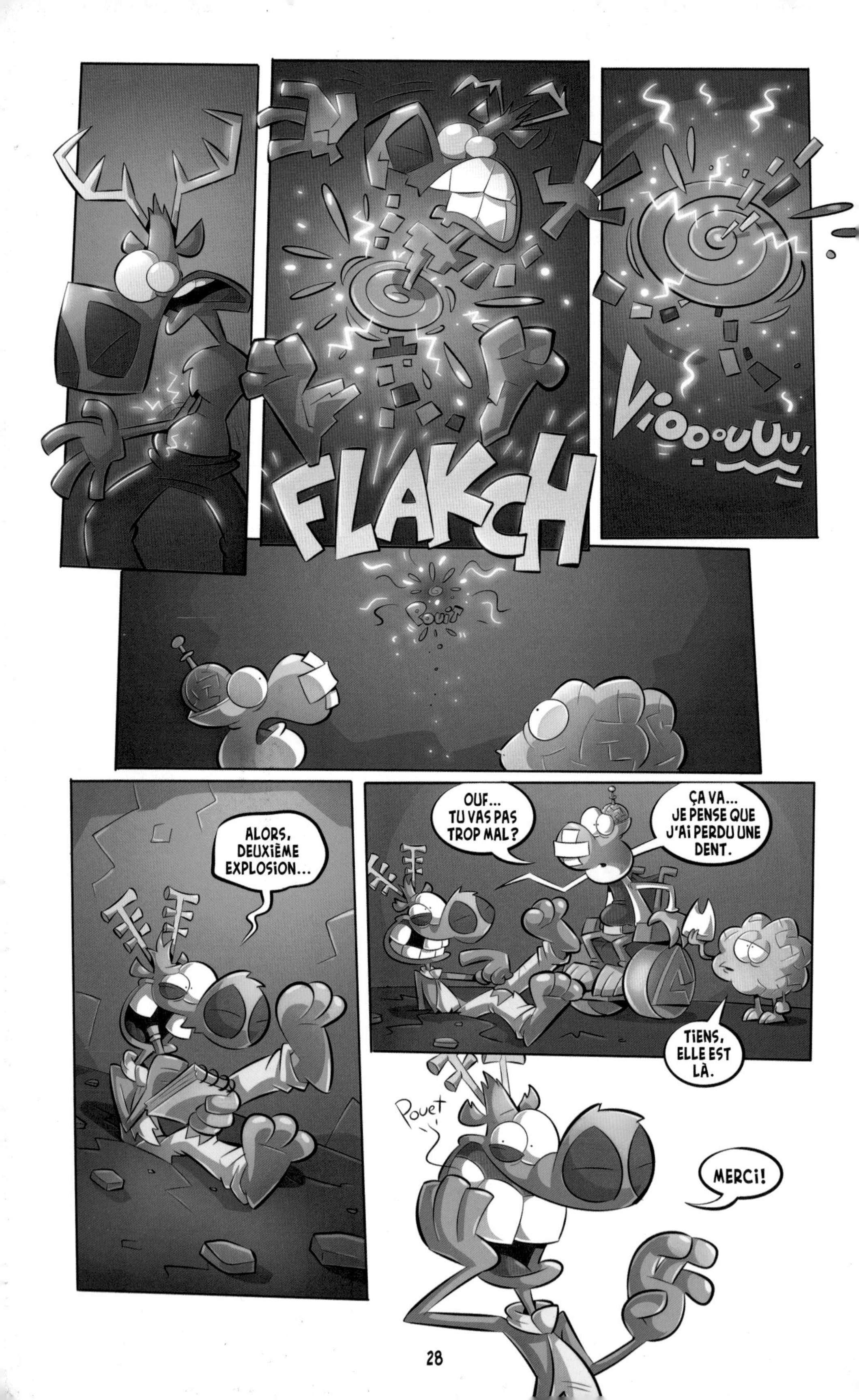
FLAKCH
VIOOOUUU
POUIT
ALORS, DEUXIÈME EXPLOSION...
OUF... TU VAS PAS TROP MAL?
ÇA VA... JE PENSE QUE J'AI PERDU UNE DENT.
TIENS, ELLE EST LÀ.
Pouet
MERCI!

PLUS TARD...
HEUREUX MARIÉS
QUEL CARNAGE...
J'ARRIVE PAS À Y CROIRE. LE CASTOR A VRAIMENT GAGNÉ.
JE SAVAIS QU'IL ÉTAIT FORT, MAIS...
HU! HU! VOUS N'AVEZ PAS IDÉE À QUEL POINT!

BiLLY!
AÏE... MA TÊTE...
MON BRAS...
MON MARIAGE...
POLO!
JE... JE SUIS DÉSOLÉ, BiLLY...
NON, ÇA VA. LE MOMENT N'EST PAS AU PLEURNiCHAGE.
NOUS SOMMES DES PROFESSiONNELS. LA TERRE A BESOiN DE NOUS.
TU ES SÛR QUE ÇA VA, BiLLY?
OUi, OUi. NUMÉRO UN.
BiLLY, ON DiRAiT QU'ON A PERDU LES COMMANDES DE L'ORDiNATEUR CENTRAL. PENSES-TU POUVOiR ARRANGER ÇA?
JE VAiS ESSAYER.
MRRMMRMMRMRMR...
iL PREND BiEN ÇA!

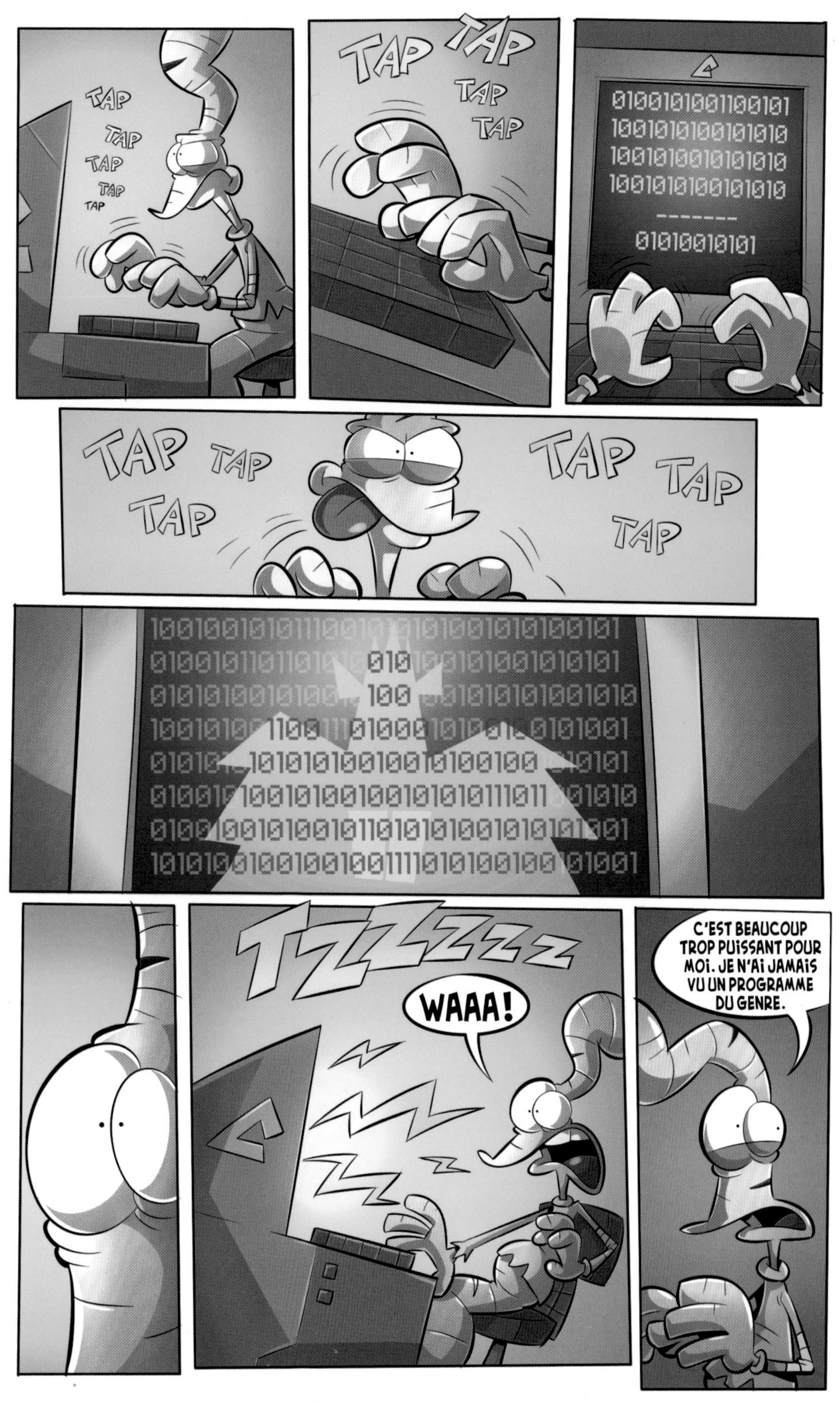
TAP
TAP
TAP
TAP
TAP
TAP TAP
TAP
TAP
0100101001100101
1001010100101010
1001010010101010
1001010100101010
01010010101
TAP TAP
TAP
TAP TAP
TAP
TZZZZZ
WAAA!
C'EST BEAUCOUP TROP PUISSANT POUR MOI. JE N'AI JAMAIS VU UN PROGRAMME DU GENRE.

HENRY! TU POURRAIS Y BRANCHER TA CONSCIENCE! Y A PAS D'ORDINATEUR PLUS PUISSANT QUE TA TÊTE! T'AS UNE PRISE USB 3.0 LÀ-DESSUS?
EUH NON... J'AI JUSTE MIS DU 2.0.
JE CROYAIS PAS QUE J'EN AURAIS BESOIN!
TZZZ. VEUILLEZ... PRÉCISER... LA NATURE DE L'URGENCE MÉDICALE.
E.V.A.!
E.V.A., EST-CE QUE TU M'ENTENDS?
E.V.A.!!!
DIAGNOSTIC DE PROGRAMME...
CAPTEUR DE SONS...
EN BON ÉTAT.
ALORS...
PAS BESOIN DE CRIER!
ELLE VA BIEN!

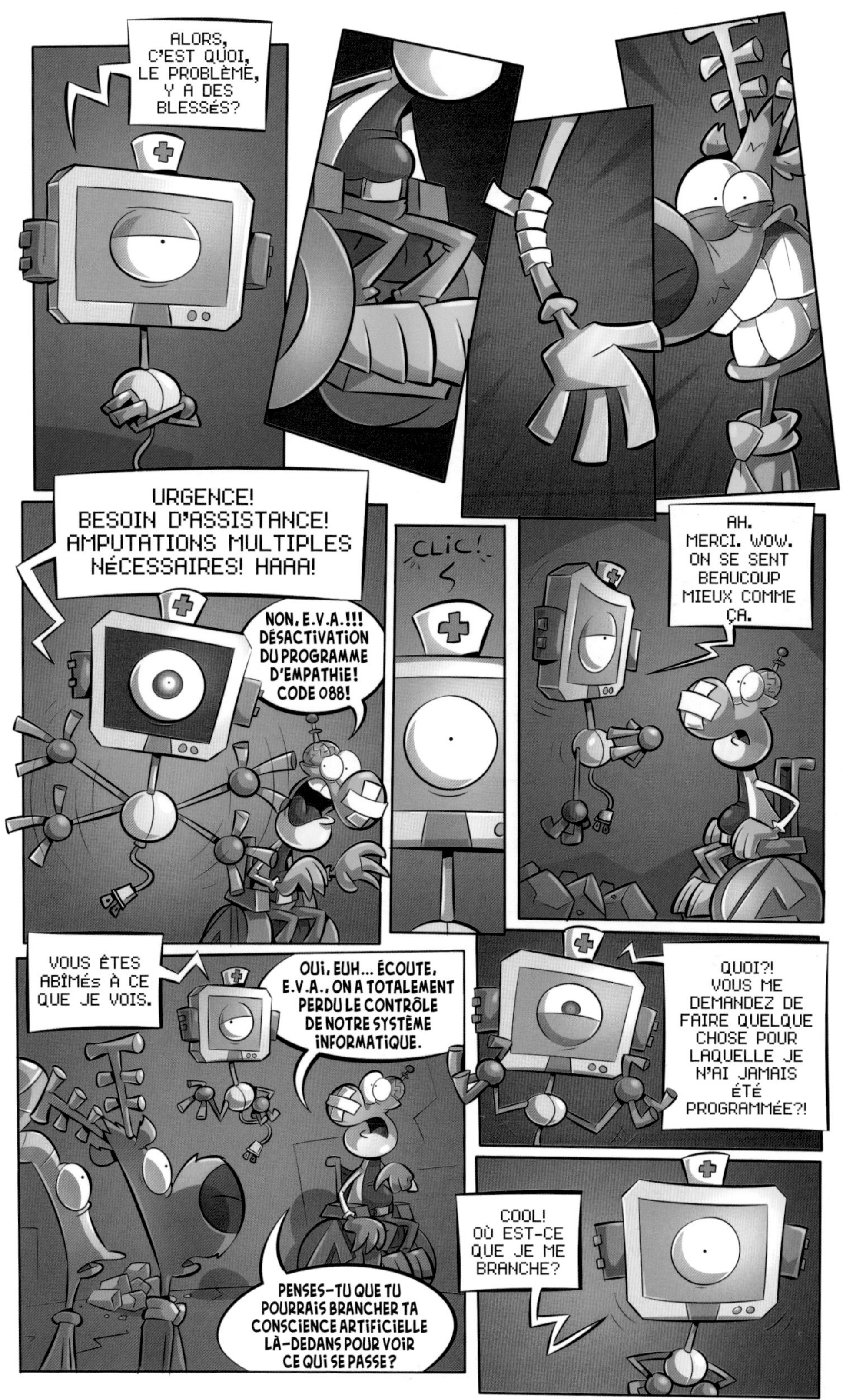
ALORS, C'EST QUOI, LE PROBLÈME, Y A DES BLESSÉS?
URGENCE! BESOIN D'ASSISTANCE! AMPUTATIONS MULTIPLES NÉCESSAIRES! HAAA!
NON, E.V.A.!!! DÉSACTIVATION DU PROGRAMME D'EMPATHIE! CODE 088!
CLIC!
AH. MERCI. WOW. ON SE SENT BEAUCOUP MIEUX COMME ÇA.
VOUS ÊTES ABÎMÉS À CE QUE JE VOIS.
OUI, EUH... ÉCOUTE, E.V.A., ON A TOTALEMENT PERDU LE CONTRÔLE DE NOTRE SYSTÈME INFORMATIQUE.
PENSES-TU QUE TU POURRAIS BRANCHER TA CONSCIENCE ARTIFICIELLE LÀ-DEDANS POUR VOIR CE QUI SE PASSE?
QUOI?! VOUS ME DEMANDEZ DE FAIRE QUELQUE CHOSE POUR LAQUELLE JE N'AI JAMAIS ÉTÉ PROGRAMMÉE?!
COOL! OÙ EST-CE QUE JE ME BRANCHE?

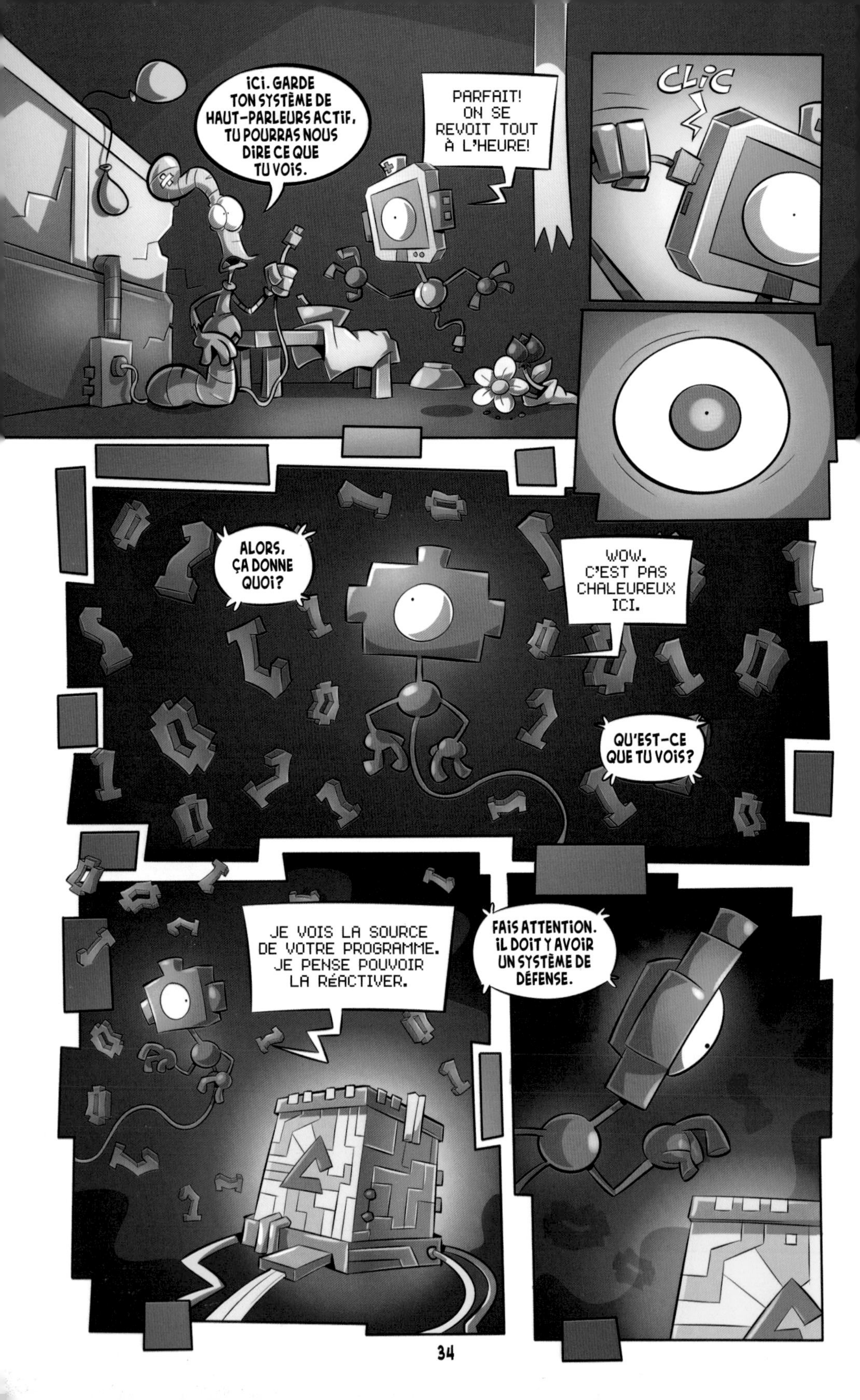
ICI. GARDE TON SYSTÈME DE HAUT-PARLEURS ACTIF. TU POURRAS NOUS DIRE CE QUE TU VOIS.
PARFAIT! ON SE REVOIT TOUT À L'HEURE!
CLIC
ALORS, ÇA DONNE QUOI?
WOW. C'EST PAS CHALEUREUX ICI.
QU'EST-CE QUE TU VOIS?
JE VOIS LA SOURCE DE VOTRE PROGRAMME. JE PENSE POUVOIR LA RÉACTIVER.
FAIS ATTENTION. IL DOIT Y AVOIR UN SYSTÈME DE DÉFENSE.

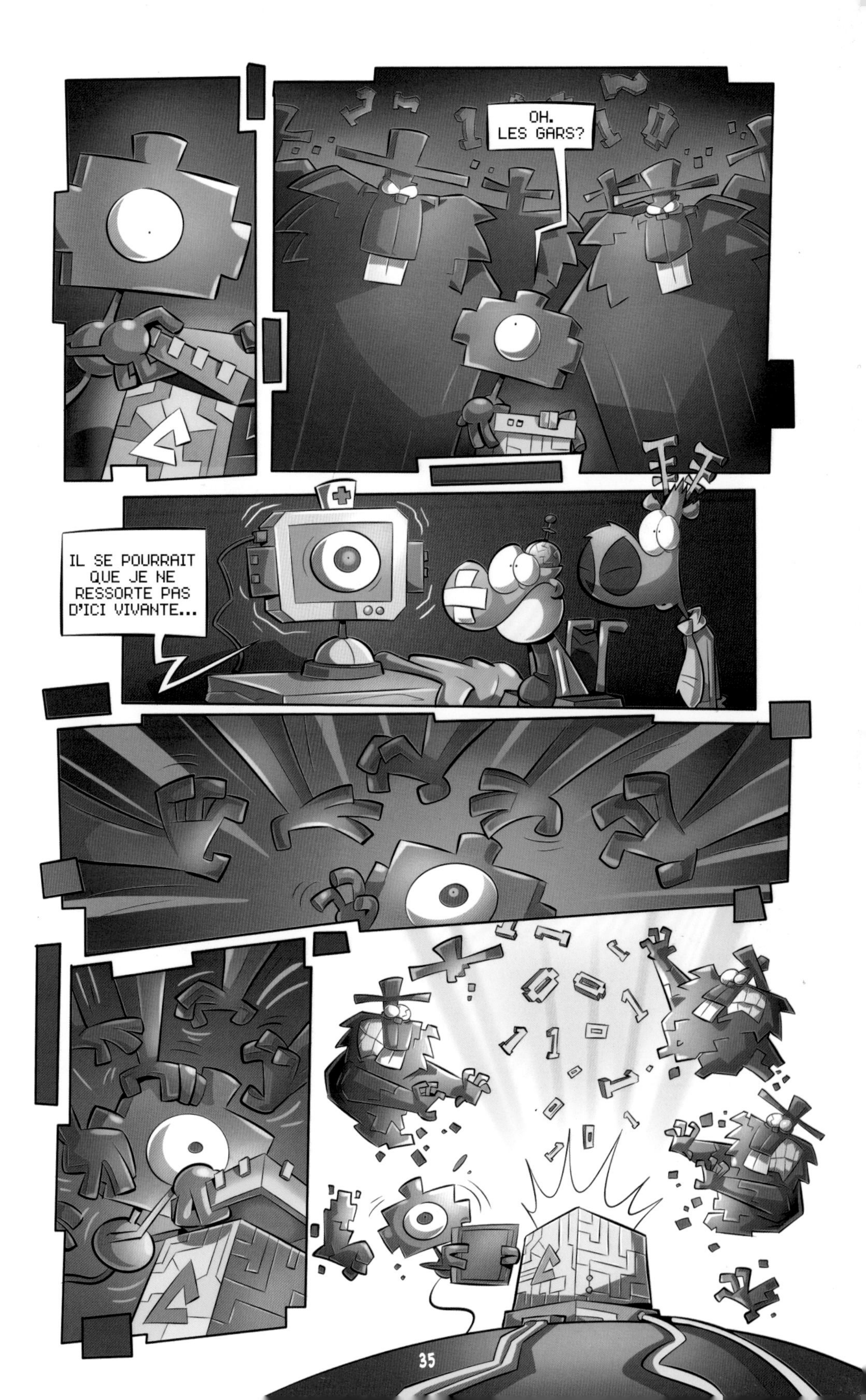
OH.
LES GARS?
IL SE POURRAIT
QUE JE NE
RESSORTE PAS
D'ICI VIVANTE...

E.V.A.! RÉPONDS!
C'EST TROP TARD, FAUT LA DÉBRANCHER!
ELLE N'EST PLUS LÀ.
MAIS... ELLE A RÉUSSI! ON A RETROUVÉ UNE PARTIE DES COMMANDES! HA! HA!
MERCI DE TON SACRIFICE, E.V.A.
C'EST TOUT? ELLE A JUSTE SERVI À ÇA DANS L'HISTOIRE?
OUAH... 83% DE L'ÉDIFICE EST DÉTRUIT... JE ME DEMANDE COMMENT IL TIENT ENCORE DEBOUT.
... ET LES AUTRES ÉDIFICES AUSSI.
B, C, K, F... ON A TOUT PERDU.
ON A PERDU L'AGENCE.

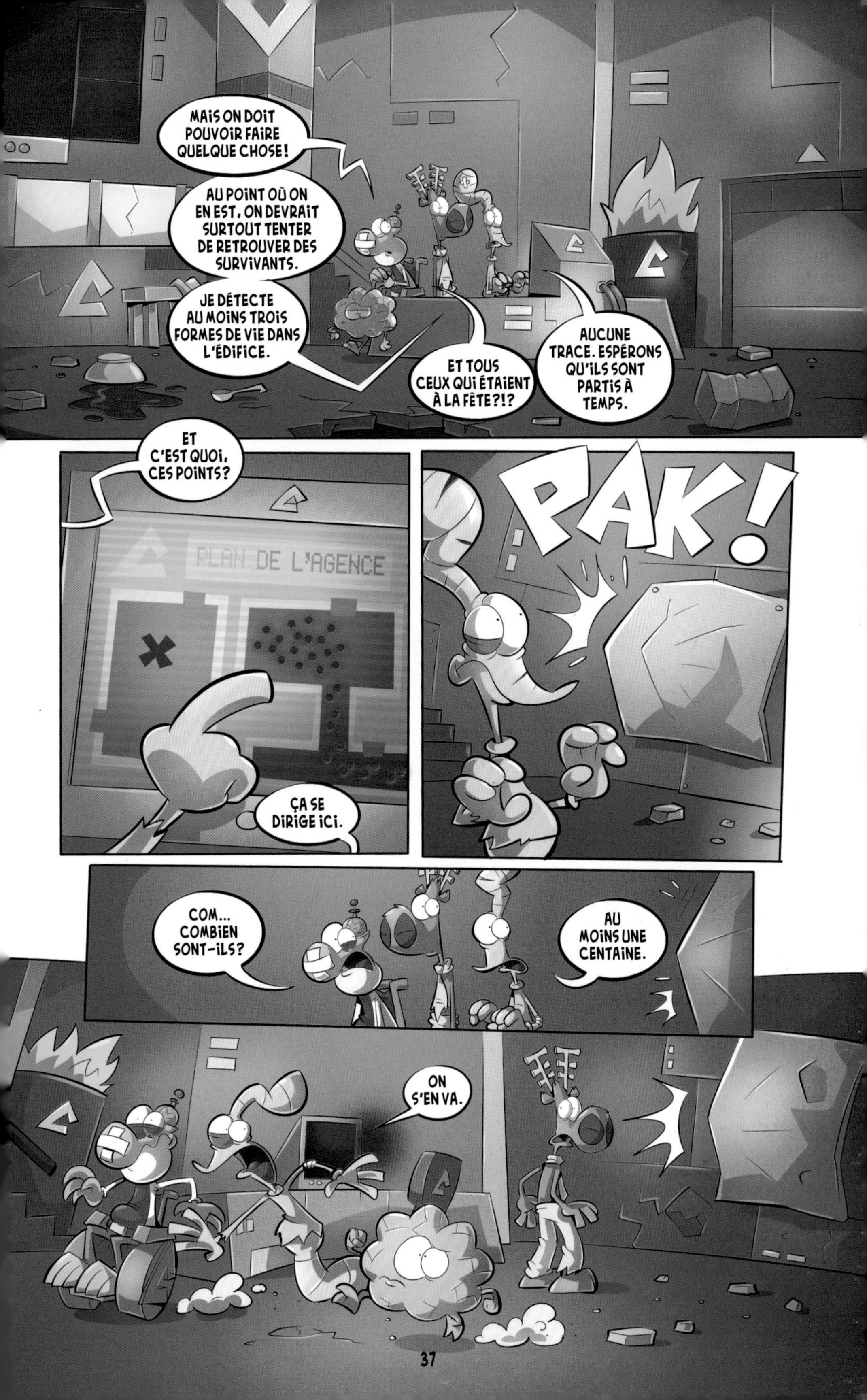
MAIS ON DOIT POUVOIR FAIRE QUELQUE CHOSE!
AU POINT OÙ ON EN EST, ON DEVRAIT SURTOUT TENTER DE RETROUVER DES SURVIVANTS.
JE DÉTECTE AU MOINS TROIS FORMES DE VIE DANS L'ÉDIFICE.
ET TOUS CEUX QUI ÉTAIENT À LA FÊTE?!?
AUCUNE TRACE. ESPÉRONS QU'ILS SONT PARTIS À TEMPS.
ET C'EST QUOI, CES POINTS?
PLAN DE L'AGENCE
ÇA SE DIRIGE ICI.
PAK!
COM... COMBIEN SONT-ILS?
AU MOINS UNE CENTAINE.
ON S'EN VA.

HAAAAAA!!!
NE VOUS INQUIÉTEZ PAS, JE M'EN OCCUPE!
J'AI QUELQUE CHOSE D'EFFICACE CONTRE LES ROBOTS...
PRENEZ ÇA!

HÉÉÉ...
ÇA MARCHE TOUJOURS D'HABITUDE.
TAK TAK TAK TAK
TAK TAK
TAK
TAK
HÉÉÉÉ!!! ATTAQUEZ-VOUS À DES GENS DE VOTRE TAILLE!
TAK
BILLY! QU'EST-CE QUE TU FAIS???
JE SUIS UN DES MEILLEURS INFORMATICIENS QUI EXISTENT! ET VOUS N'ÊTES QUE DES ORDINATEURS BAS DE GAMME. Y A QUE MOI QUI PUISSE VOUS ARRÊTER!
SAUVEZ-VOUS, LES GARS. MOI, JE N'AI PLUS RIEN À PERDRE.
MAIS... BILLY.

ALLEZ-VOUS-EN!!!
JE… JE M'OCCUPE D'EUX…
ALLEZ, VIENS, JEAN! ON NE RESTE PAS ICI!!!
MAIS…

TZZ

MAIS... EUH...
BILLY N'EST PAS MORT...
IL S'EN EST SORTI...
NON?
EUH... ÉVIDEMMENT!
TU LE CONNAIS! IL DOIT AVOIR TROUVÉ UN MOYEN DE GAGNER CONTRE CES MONSTRES...
NAN. IL EST MORT.
TAIS-TOI!
DOSSIER 443. FRANK LAPIN. DISPARU IL Y A SIX ANS ET DEUX MOIS...
DOSSIER 444. GUERRE DES ROBOTS...
MOIGNONS? ... ÇA VA?
MOIGNONS!!!
CHUT! JE MÉMORISE LES DOSSIERS.
DOSSIER 445. RÉPARATION DU RAYON COSMIQUE.
PLAN TECHNIQUE DISPONIBLE DANS LA SECTION H-5.
POURQUOI FAIS-TU ÇA?

JE N'AI JAMAIS TELLEMENT AIMÉ LES ORDINATEURS, JEAN. C'EST PRATIQUE, MAIS SI PEU FIABLE. ON PEUT Y METTRE DES MILLIONS ET DES MILLIONS DE DOSSIERS…
… MAIS DU JOUR AU LENDEMAIN, UN PETIT PROBLÈME ET TOUT EST PERDU. J'AI TOUJOURS PRÉFÉRÉ LE PAPIER.
MAIS MALGRÉ TOUT… LA MOITIÉ DE MES DOSSIERS SONT DÉTRUITS. CES DOSSIERS QUE J'AI PRIS DES ANNÉES À RÉDIGER ET À CLASSER… DÉTRUITS…
IL N'Y A QU'UN SEUL ENDROIT OÙ ILS PEUVENT ÊTRE EN SÉCURITÉ…
DANS MA TÊTE.
DOSSIER 446, DÉCOUVERTE D'ARTÉFACTS ANCIENS SUR LES TERRES ROUGES…
IL EST CINGLÉ OU QUOI?
IL… GÈRE LE CHOC COMME IL LE PEUT.
T'ES VRAIMENT EN TRAIN DE MÉMORISER TOUS CES DOCUMENTS?!
OUI. ET J'AI PRESQUE FINI.
OK. DOSSIER 14, SECTION B, LIGNE 3, C'EST QUOI?
IL EST CONSEILLÉ À UN AGENT DE PORTER UNE CRAVATE DURANT SES MISSIONS.
DOSSIER 58, SECTION 3-F?
REGISTRE DES AGENTS RETIRÉS DE LEURS FONCTIONS : AGENT TOFU, AGENT S, AGENT WXT.
WXT N'EST PLUS AGENT?!?
OUAIS, DEPUIS AVANT-HIER.
MAIS PERSONNE N'A EU L'AIR D'EN FAIRE DE CAS.

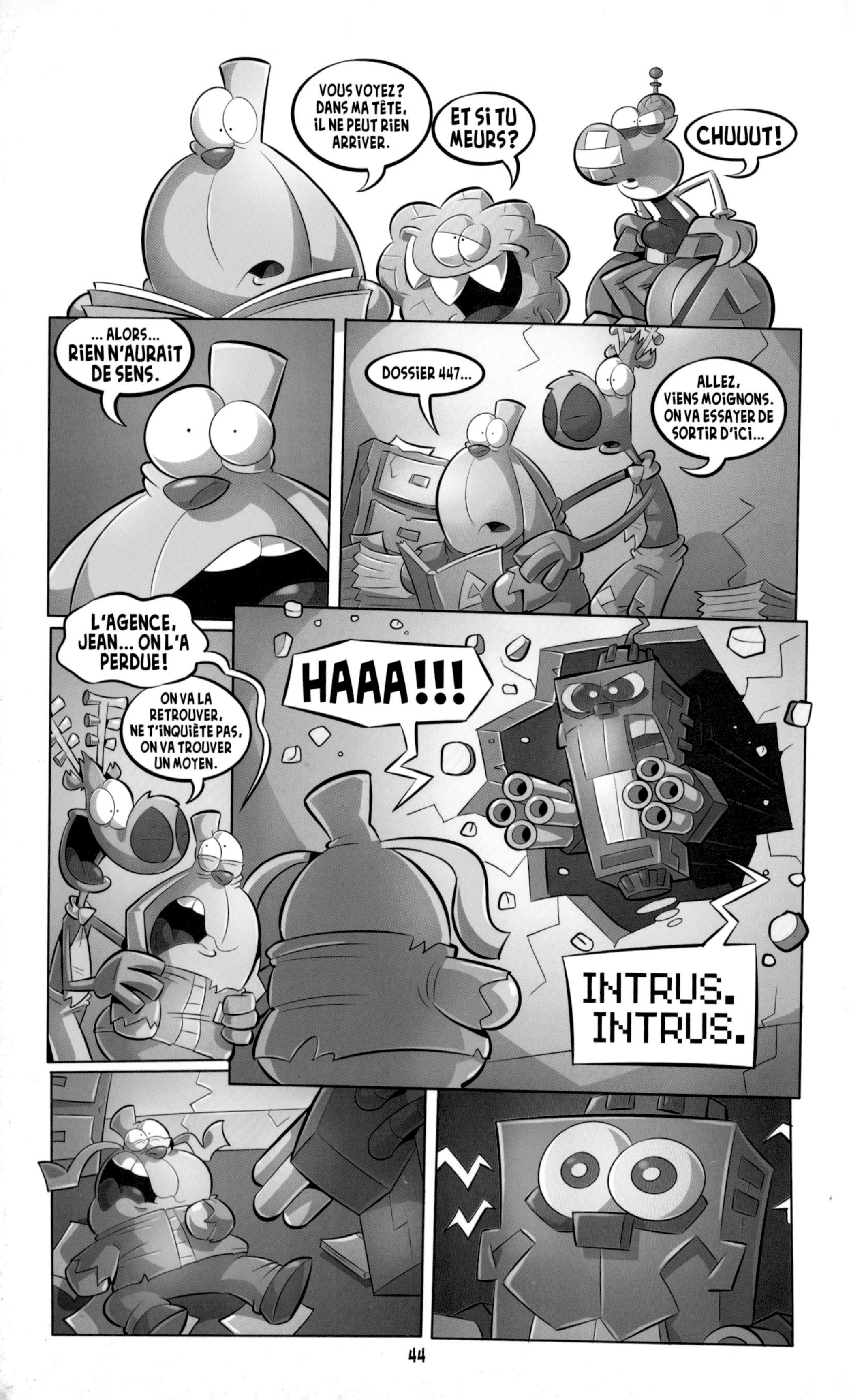
VOUS VOYEZ? DANS MA TÊTE, IL NE PEUT RIEN ARRIVER.
ET SI TU MEURS?
CHUUUT!
... ALORS... RIEN N'AURAIT DE SENS.
DOSSIER 447...
ALLEZ, VIENS MOIGNONS. ON VA ESSAYER DE SORTIR D'ICI...
L'AGENCE, JEAN... ON L'A PERDUE!
ON VA LA RETROUVER, NE T'INQUIÈTE PAS, ON VA TROUVER UN MOYEN.
HAAA!!!
INTRUS. INTRUS.

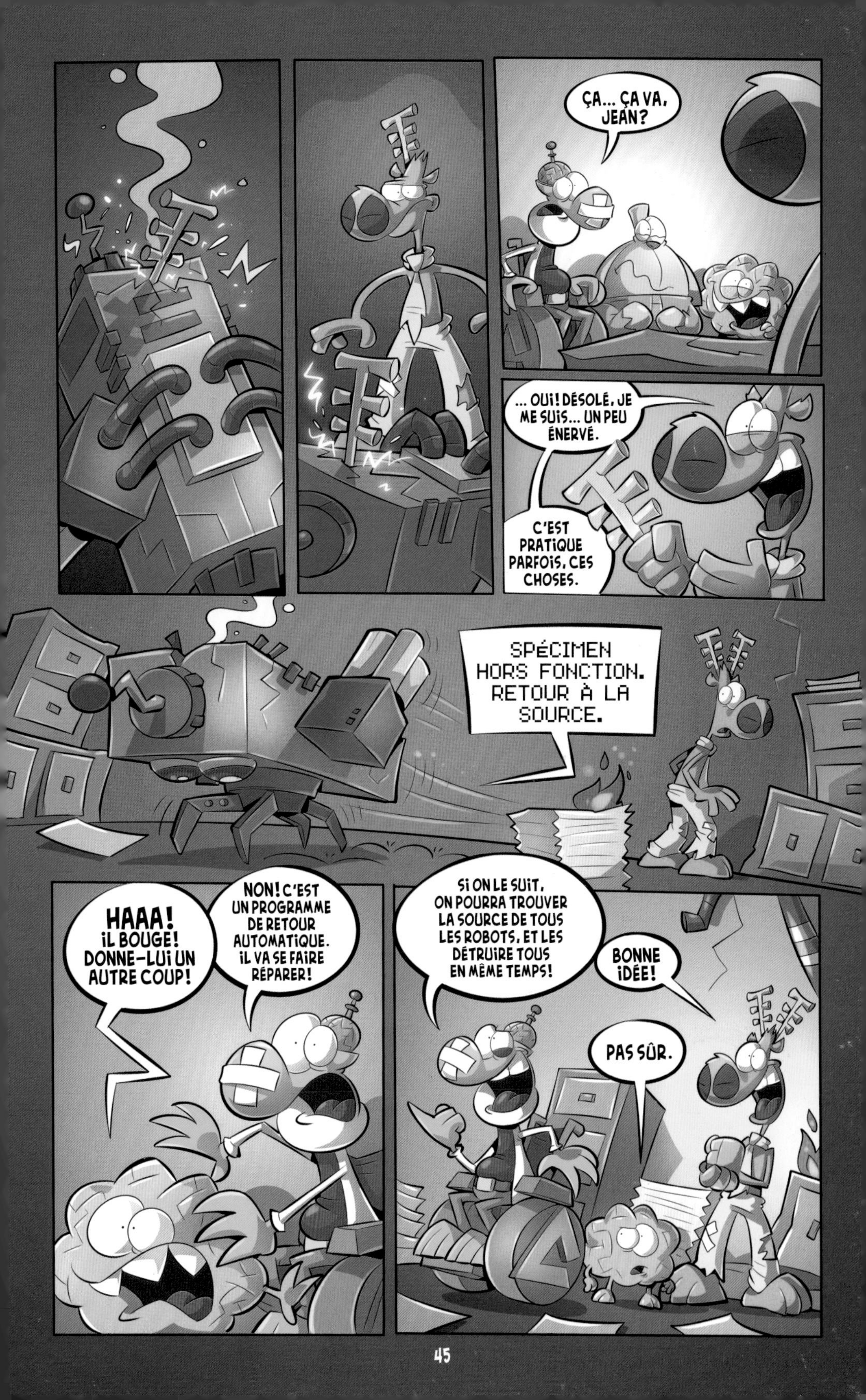
ÇA... ÇA VA, JEAN?
... OUI! DÉSOLÉ, JE ME SUIS... UN PEU ÉNERVÉ.
C'EST PRATIQUE PARFOIS, CES CHOSES.
SPÉCIMEN HORS FONCTION. RETOUR À LA SOURCE.
HAAA! IL BOUGE! DONNE-LUI UN AUTRE COUP!
NON! C'EST UN PROGRAMME DE RETOUR AUTOMATIQUE. IL VA SE FAIRE RÉPARER!
SI ON LE SUIT, ON POURRA TROUVER LA SOURCE DE TOUS LES ROBOTS, ET LES DÉTRUIRE TOUS EN MÊME TEMPS!
BONNE IDÉE!
PAS SÛR.

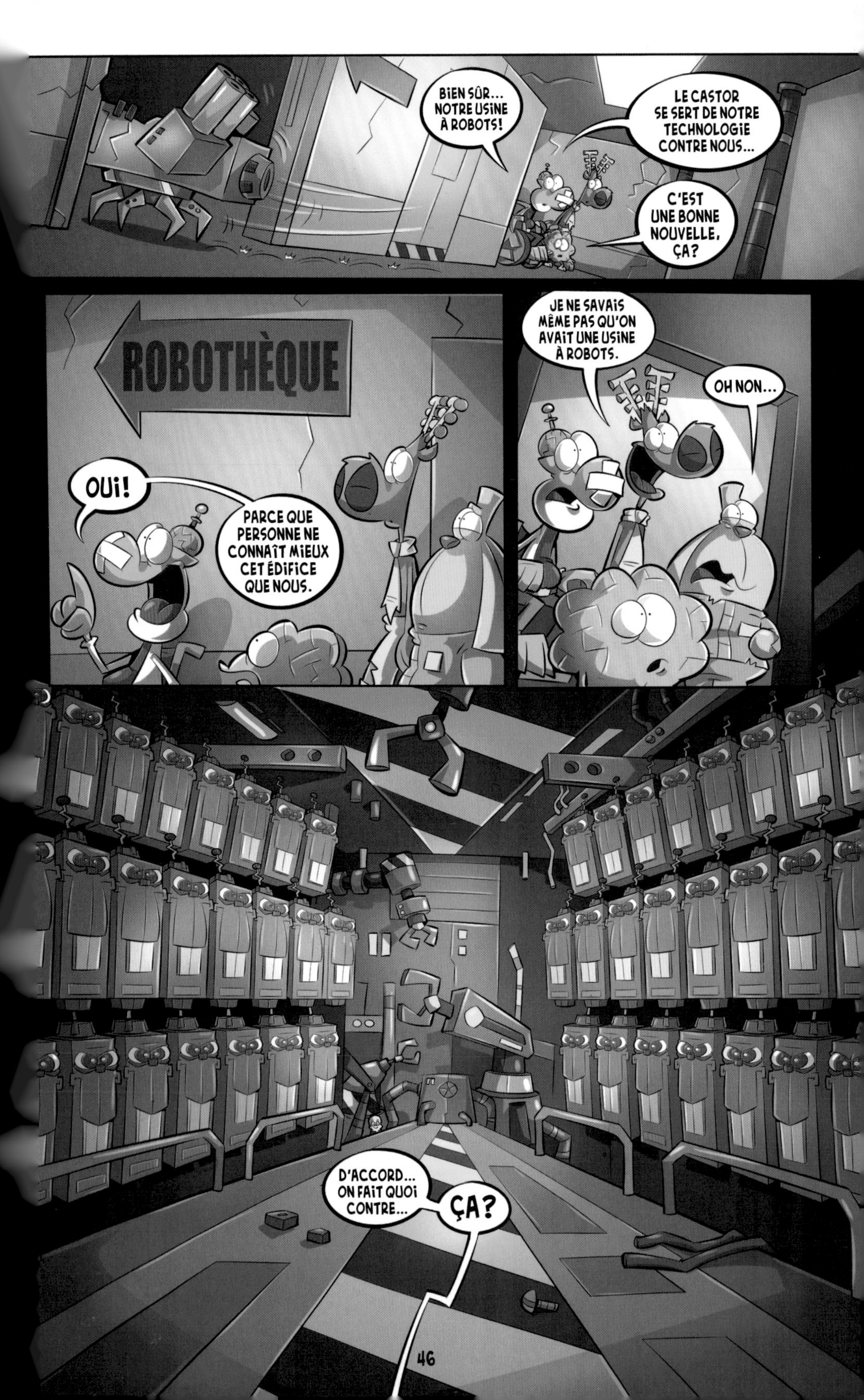
BIEN SÛR… NOTRE USINE À ROBOTS!
LE CASTOR SE SERT DE NOTRE TECHNOLOGIE CONTRE NOUS…
C'EST UNE BONNE NOUVELLE, ÇA?
ROBOTHÈQUE
OUI!
PARCE QUE PERSONNE NE CONNAÎT MIEUX CET ÉDIFICE QUE NOUS.
JE NE SAVAIS MÊME PAS QU'ON AVAIT UNE USINE À ROBOTS.
OH NON…
D'ACCORD… ON FAIT QUOI CONTRE…
ÇA?

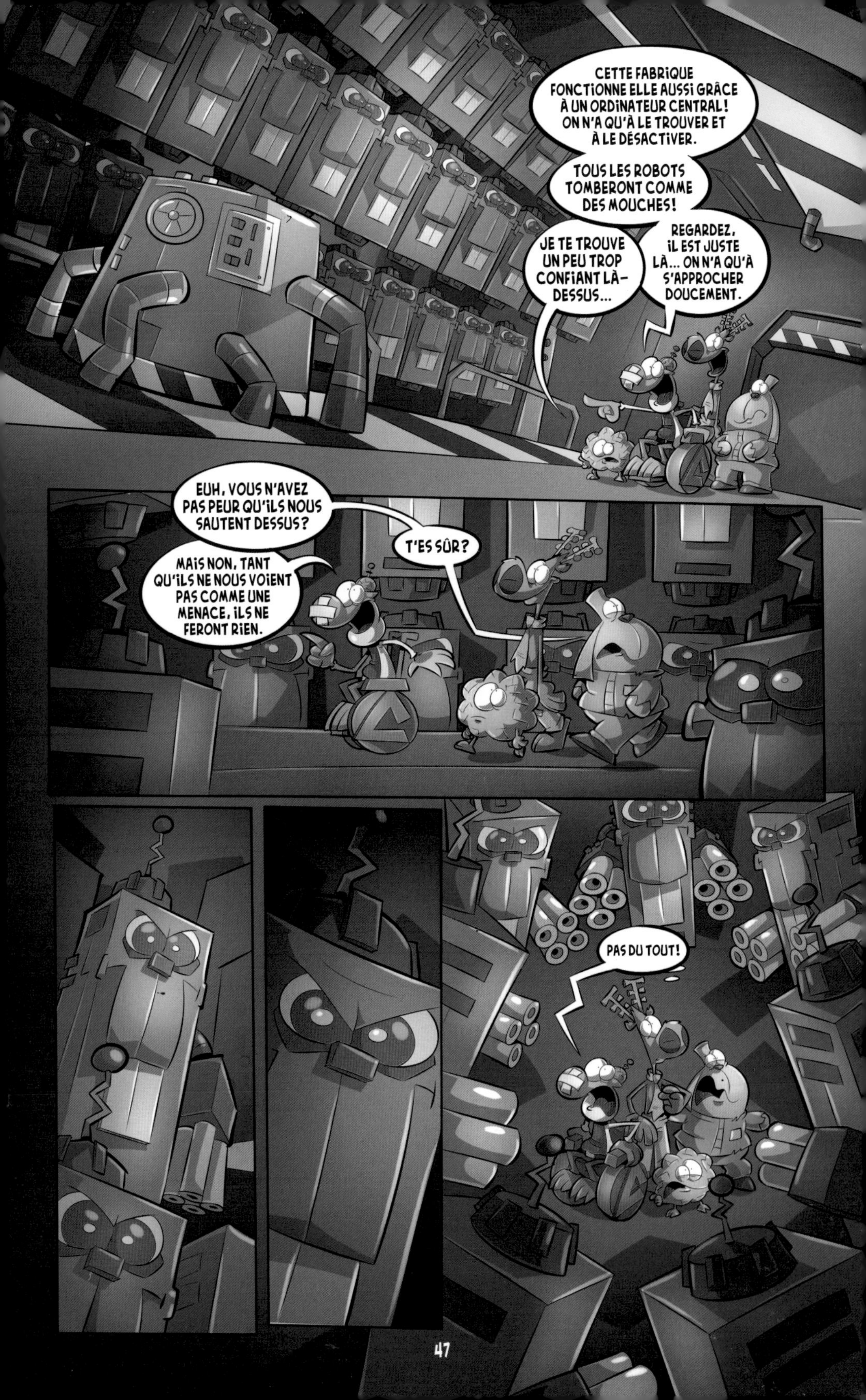
CETTE FABRIQUE FONCTIONNE ELLE AUSSI GRÂCE À UN ORDINATEUR CENTRAL! ON N'A QU'À LE TROUVER ET À LE DÉSACTIVER.
TOUS LES ROBOTS TOMBERONT COMME DES MOUCHES!
JE TE TROUVE UN PEU TROP CONFIANT LÀ-DESSUS...
REGARDEZ, IL EST JUSTE LÀ... ON N'A QU'À S'APPROCHER DOUCEMENT.
EUH, VOUS N'AVEZ PAS PEUR QU'ILS NOUS SAUTENT DESSUS?
MAIS NON, TANT QU'ILS NE NOUS VOIENT PAS COMME UNE MENACE, ILS NE FERONT RIEN.
T'ES SÛR?
PAS DU TOUT!

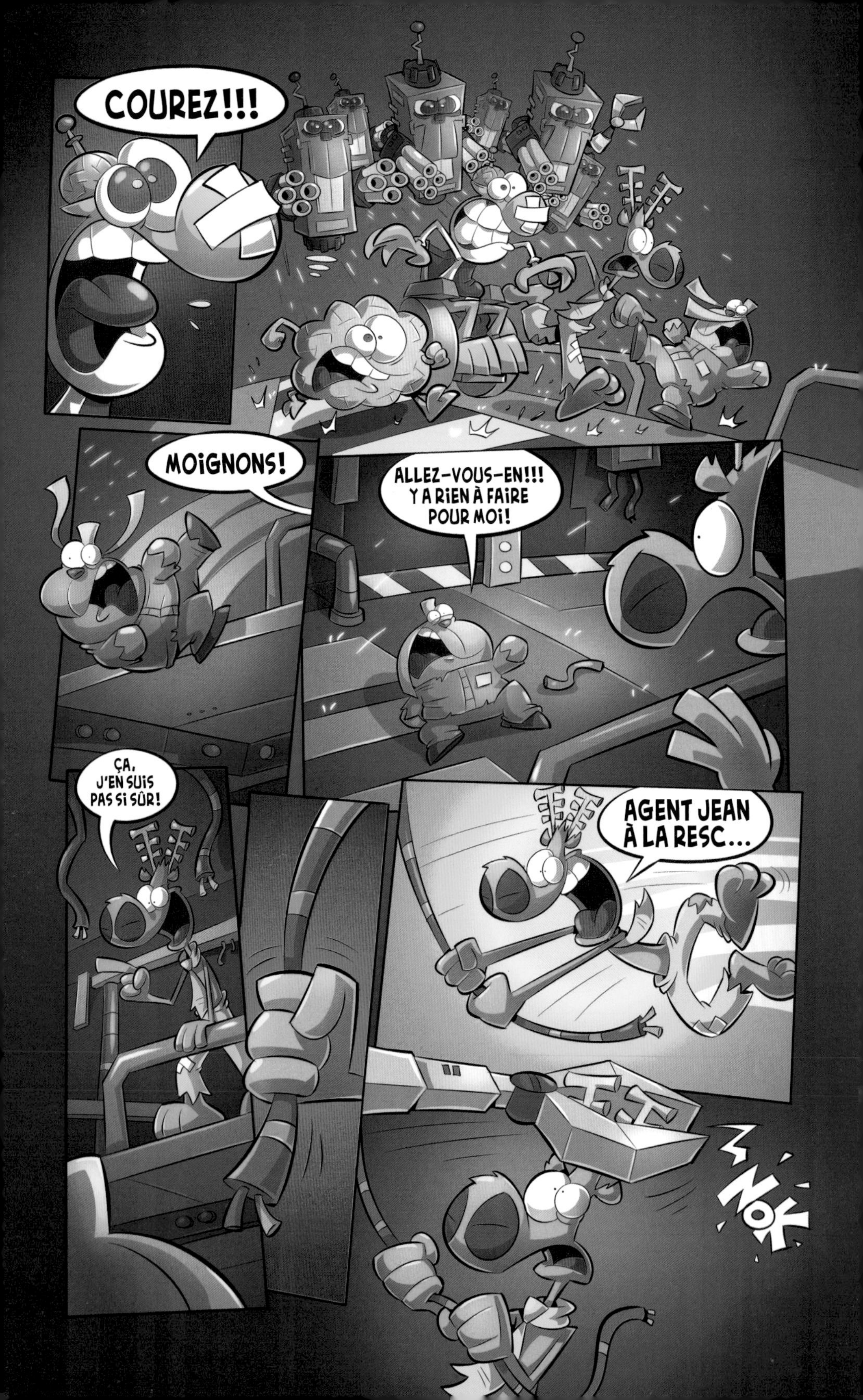
COUREZ!!!
MOIGNONS!
ALLEZ-VOUS-EN!!!
Y A RIEN À FAIRE
POUR MOI!
ÇA,
J'EN SUIS
PAS SI SÛR!
AGENT JEAN
À LA RESC...
NOK

PÉTOW
... AÏE...
ALLEZ, VIENS, JEAN! ON DOIT SAUVER NOTRE PEAU!
MAIS...
BAM
PAK
MOIGNONS...
DÉSOLÉ, JEAN... ON DOIT CONTINUER SANS LUI.

DOSSIER 448...
449... 450...

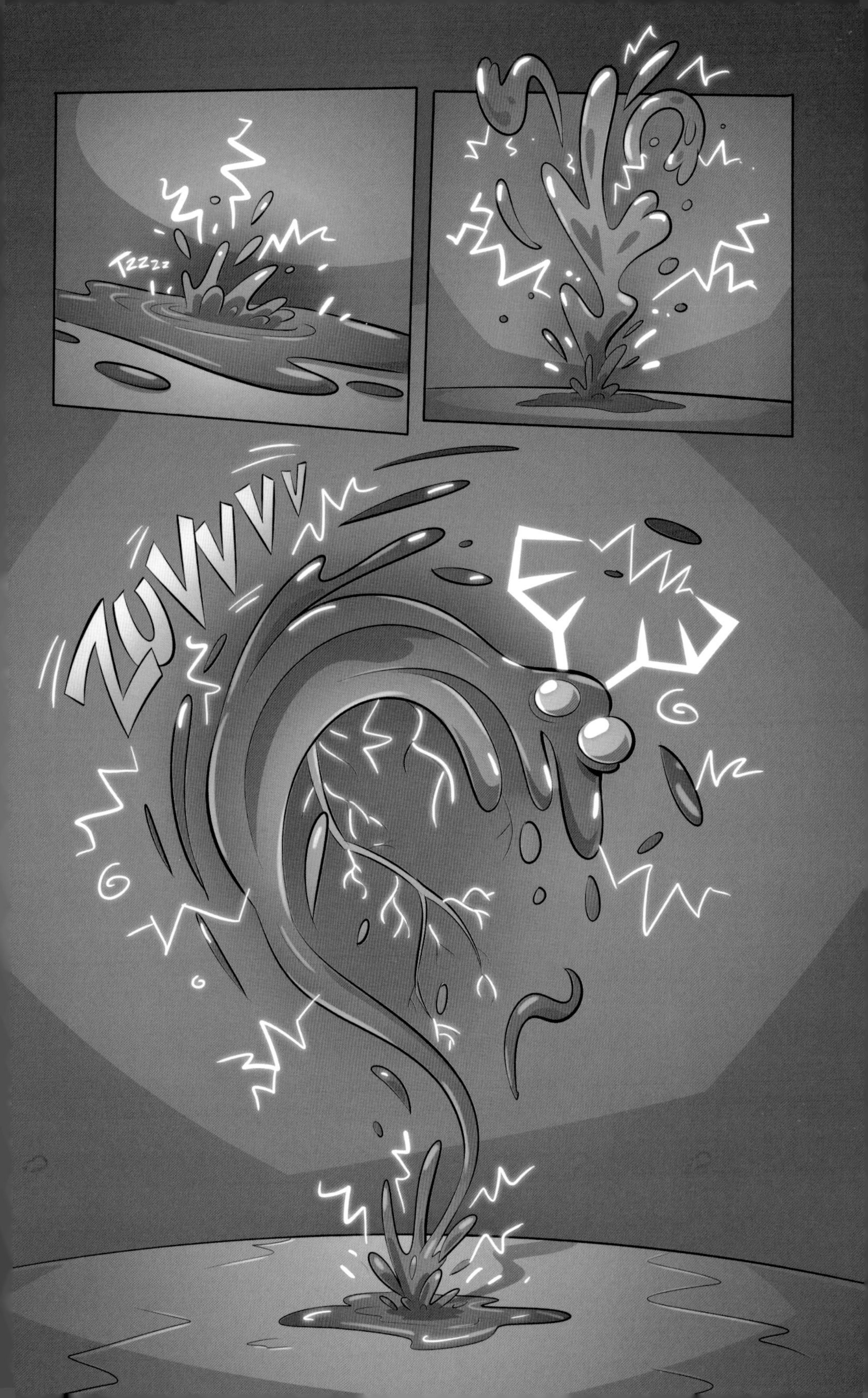
TZZZZZ
ZUVVVVV

JE N'AI MÊME PAS ÉTÉ CAPABLE DE LE SAUVER...
ÇA VA ALLER, JEAN... MOIGNONS VA BIEN, TOUT COMME BILLY. RIEN NE NOUS DIT QUE CES ROBOTS SONT MEURTRIERS.
PFHA! HAHA!
OH TOI, ÇA SUFFIT!
LÀ! LE BUREAU DE MARTHA.
ET QU'EST-CE QU'ON VA TROUVER LÀ-DEDANS?
JE SUIS PRESQUE SÛR QU'ELLE GARDE UNE CARTE DÉTAILLÉE DE L'ÉDIFICE ICI.
AVEC ÇA, ON POURRAIT TROUVER UN CHEMIN POUR ACCÉDER AU CŒUR DE L'ORDINATEUR!
POURQUOI ON VOUDRAIT ALLER LÀ? Y A QU'UNE CHOSE QU'ON DEVRAIT FAIRE... C'EST SE SAUVER!
NON! SI ON REPREND LE CONTRÔLE, ON AURA UNE CHANCE D'ARRÊTER LE CASTOR!
IL A DÉJÀ GAGNÉ, IMBÉCILE!
OK. LÀ TU TE TAIS ET TU NOUS AIDES! SINON JE TE LANCE PAR LA FENÊTRE!!!

HENRY... REGARDE.
... NON...
ELLE DEVAIT ÊTRE ICI QUAND ÇA A EXPLOSÉ.
ALORS, VOUS N'AVEZ PLUS DE PATRONNE?
SUPER! VOUS ÊTES EN VACANCES!
POUET
HAUT LES MAINS!

MADAME! C'EST NOUS!
DÉSOLÉE. J'AI CRU QUE C'ÉTAIT LES ROBOTS.
MARTHA!
NE ME TOUCHEZ PAS!
... OKI!
COMMENT AVEZ-VOUS SURVÉCU?!
VOUS CROYEZ QU'ON FAIT LE MÉTIER LE PLUS DANGEREUX DU MONDE SANS PRENDRE QUELQUES PRÉCAUTIONS?
MES VÊTEMENTS SONT TOUJOURS ÉQUIPÉS D'UN SYSTÈME ANTI-EXPLOSION.
BOUM
QUAND UN CHOC IMPORTANT SE FAIT SENTIR, UN SYSTÈME DE BOUCLIER GONFLABLE SE DÉCLENCHE ET M'ÉVITE TOUTE BLESSURE IMPORTANTE.
AH, UNE AUTRE EXPLOSION!
NON, CELLE-LÀ EST SURVENUE HIER. ÇA COMPTE PAS.

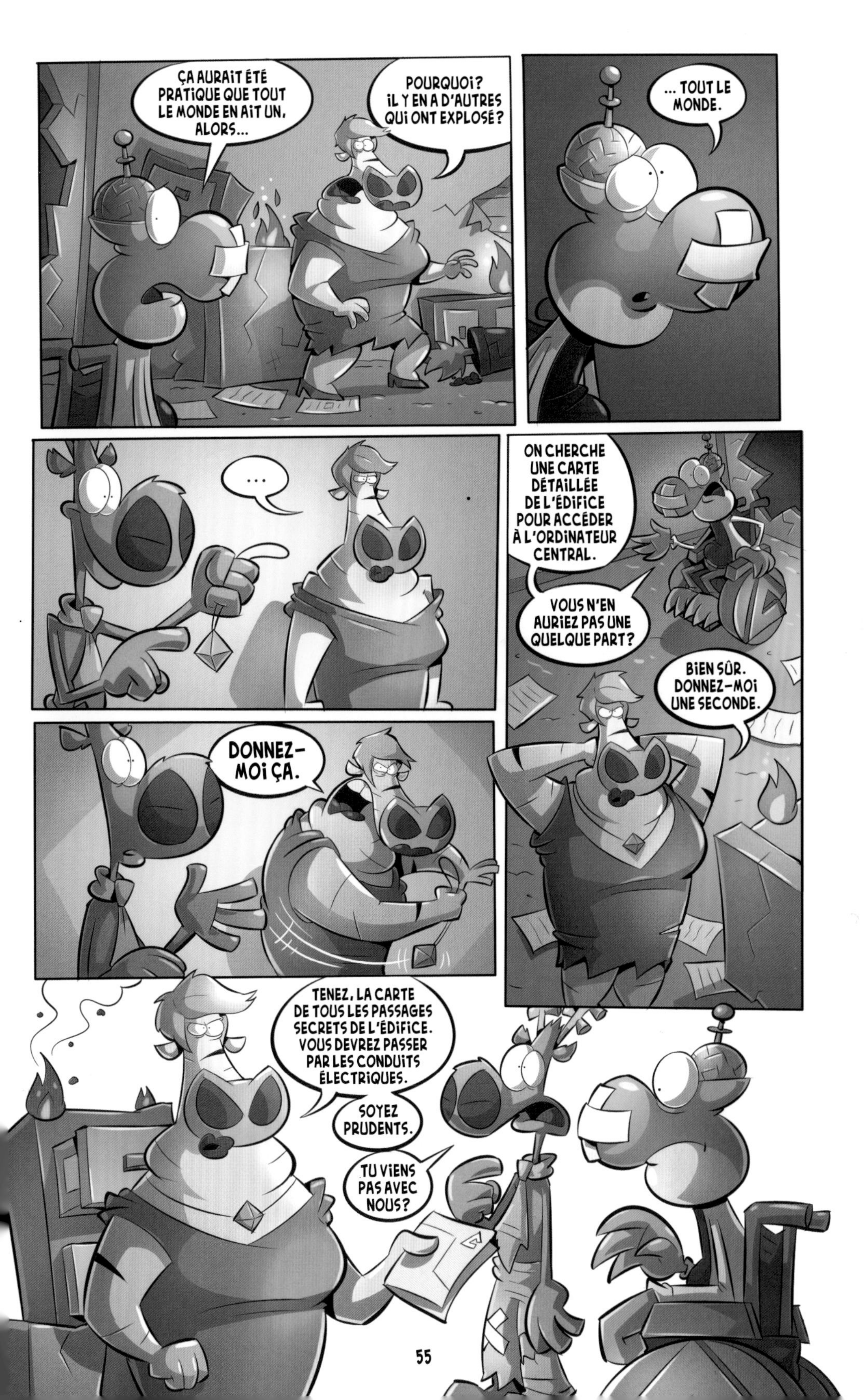
ÇA AURAIT ÉTÉ PRATIQUE QUE TOUT LE MONDE EN AIT UN, ALORS...
POURQUOI? IL Y EN A D'AUTRES QUI ONT EXPLOSÉ?
... TOUT LE MONDE.
...
ON CHERCHE UNE CARTE DÉTAILLÉE DE L'ÉDIFICE POUR ACCÉDER À L'ORDINATEUR CENTRAL.
VOUS N'EN AURIEZ PAS UNE QUELQUE PART?
BIEN SÛR. DONNEZ-MOI UNE SECONDE.
DONNEZ-MOI ÇA.
TENEZ, LA CARTE DE TOUS LES PASSAGES SECRETS DE L'ÉDIFICE. VOUS DEVREZ PASSER PAR LES CONDUITS ÉLECTRIQUES.
SOYEZ PRUDENTS.
TU VIENS PAS AVEC NOUS?

CRAK
ARGH!!!
TAK TAK
TAK
TAK
TAK
TAK
CET... ÉDIFICE...
EST À...
MOI.
...
ÇA VA, MARTHA?

VOUS! J'iGNORE COMMENT... ET POURQUOi, MAiS J'EN SUiS SÛRE... TOUT ÇA, C'EST DE VOTRE FAUTE.
MAiS... NON, JE NE PENSE PAS...
ALLEZ-Y, JE VOUS COUVRE. JE NE PEUX PEUT-ÊTRE PAS ARRÊTER CES MACHiNES, MAiS JE PEUX LES RALENTiR.
MADAME... VOUS NE SURViVREZ...
C'EST UN ORDRE.

ALLEZ, VIENS, JEAN. ON DOIT SAUVER CE QUI RESTE.
MAIS... NON!
CLAK

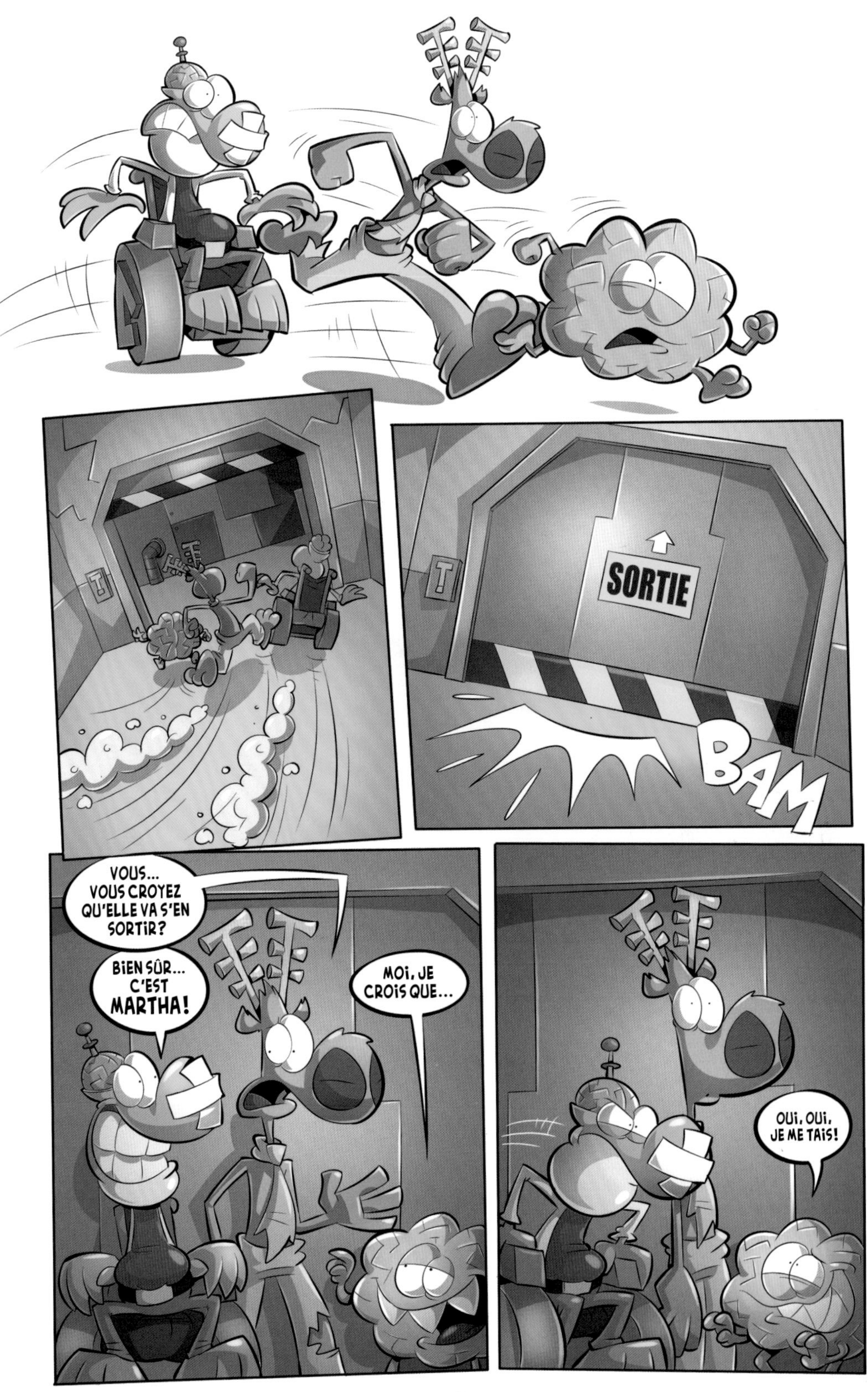
SORTIE
BAM
VOUS... VOUS CROYEZ QU'ELLE VA S'EN SORTIR?
BIEN SÛR... C'EST MARTHA!
MOI, JE CROIS QUE...
OUI, OUI, JE ME TAIS!

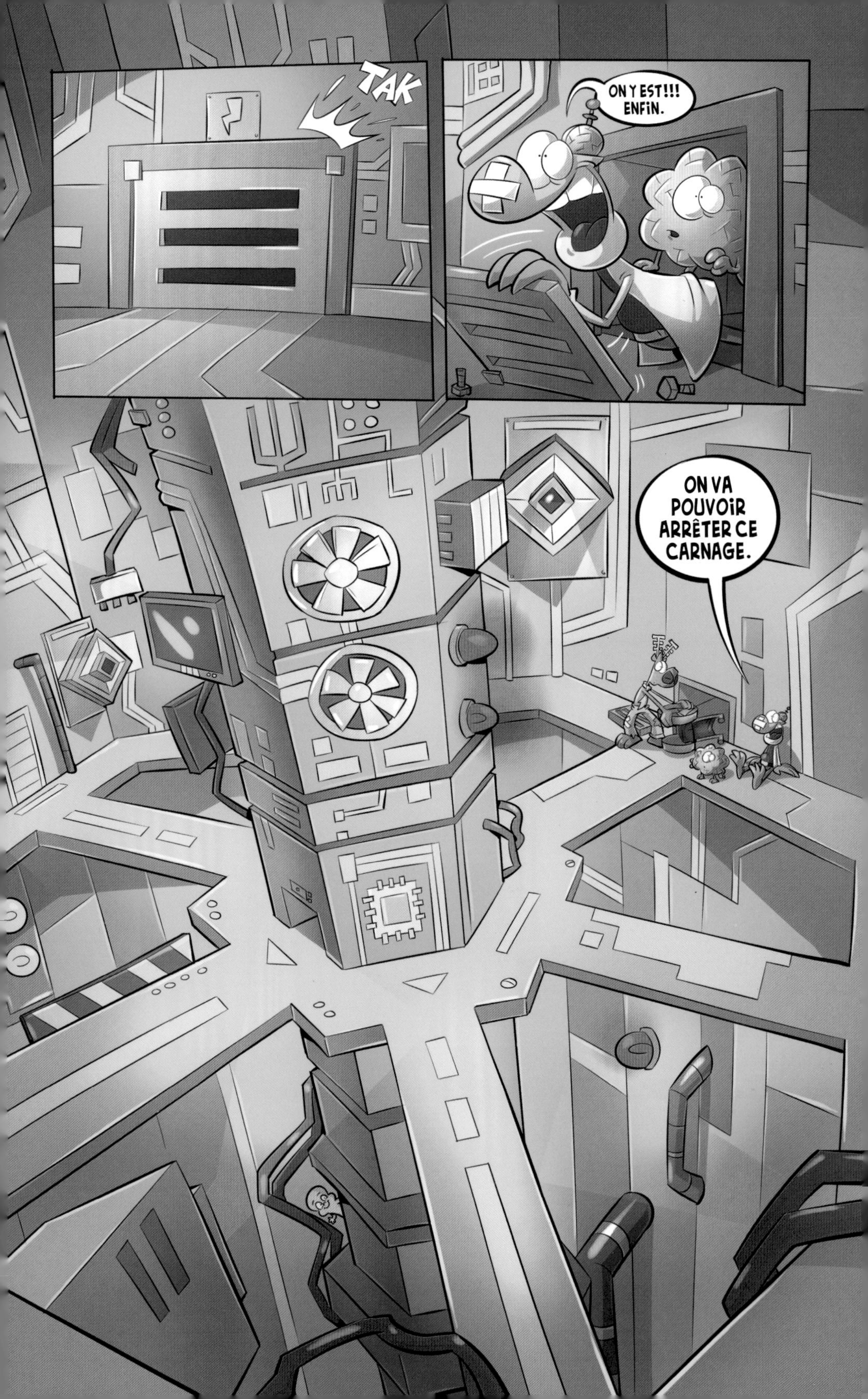
TAK
ON Y EST!!!
ENFIN.
ON VA
POUVOIR
ARRÊTER CE
CARNAGE.

BON, TOUT CE QU'ON DOIT FAIRE MAINTENANT, C'EST REDÉMARRER LE CŒUR DE L'ORDINATEUR, ET TOUT REDEVIENDRA COMME AVANT…
JE M'EN OCCUPE!
OUiii, BIEN SÛR, TOUT VA S'ARRANGER COMME PAR MAGIE, J'EN SUIS SÛR!
TU TE TAIS.
BRAVO! VOUS ÊTES ARRIVÉS AU NIVEAU FINAL.
CE N'EST PAS UN JEU, CASTOR!
OH SI, ÇA EN EST UN.
ÇA EN A TOUJOURS ÉTÉ UN.
HENRY. LE PROGRAMME DU CASTOR EST AUSSI DANS LE CŒUR DE L'ORDINATEUR! JE… JE NE PEUX RIEN FAIRE.
CONTINUE! TU FINIS TOUJOURS PAR TROUVER UNE SOLUTION!
DÉSOLÉ… CE N'EST PAS MON JOUR…
HA! HA! HA!
LE CASTOR A GAGNÉ!
VOUS N'ÊTES PLUS RIEN, MAINTENANT! ET VOUS TRAVAILLEREZ TOUS POUR…

TIENS, TOI!
FWENG!
... MAIS... EVA? C'EST TOI?!?
SALUT! JE VOUS AI MANQUÉ?
MAIS... COMMENT?
J'AI DÛ QUITTER MON CORPS POUR CACHER MON PROGRAMME DANS L'ORDINATEUR DE VOTRE AGENCE.
UNE FOIS À L'INTÉRIEUR, J'AI PU ME FAUFILER JUSQU'ICI ET REPRENDRE UNE PARTIE DES COMMANDES!
ET T'ES DEVENUE UN FANTÔME?
NAN! J'AI JUSTE TRANSFÉRÉ MON PROGRAMME DANS LE SYSTÈME HOLOGRAPHIQUE ET JE ME SUIS CRÉÉ UN CORPS EN 3D!
ON SE SENT PLUTÔT BIEN LÀ-DEDANS.
OH! JE DÉTECTE QUELQUE CHOSE TOUT PRÈS D'ICI...
IL Y A DU MOUVEMENT.

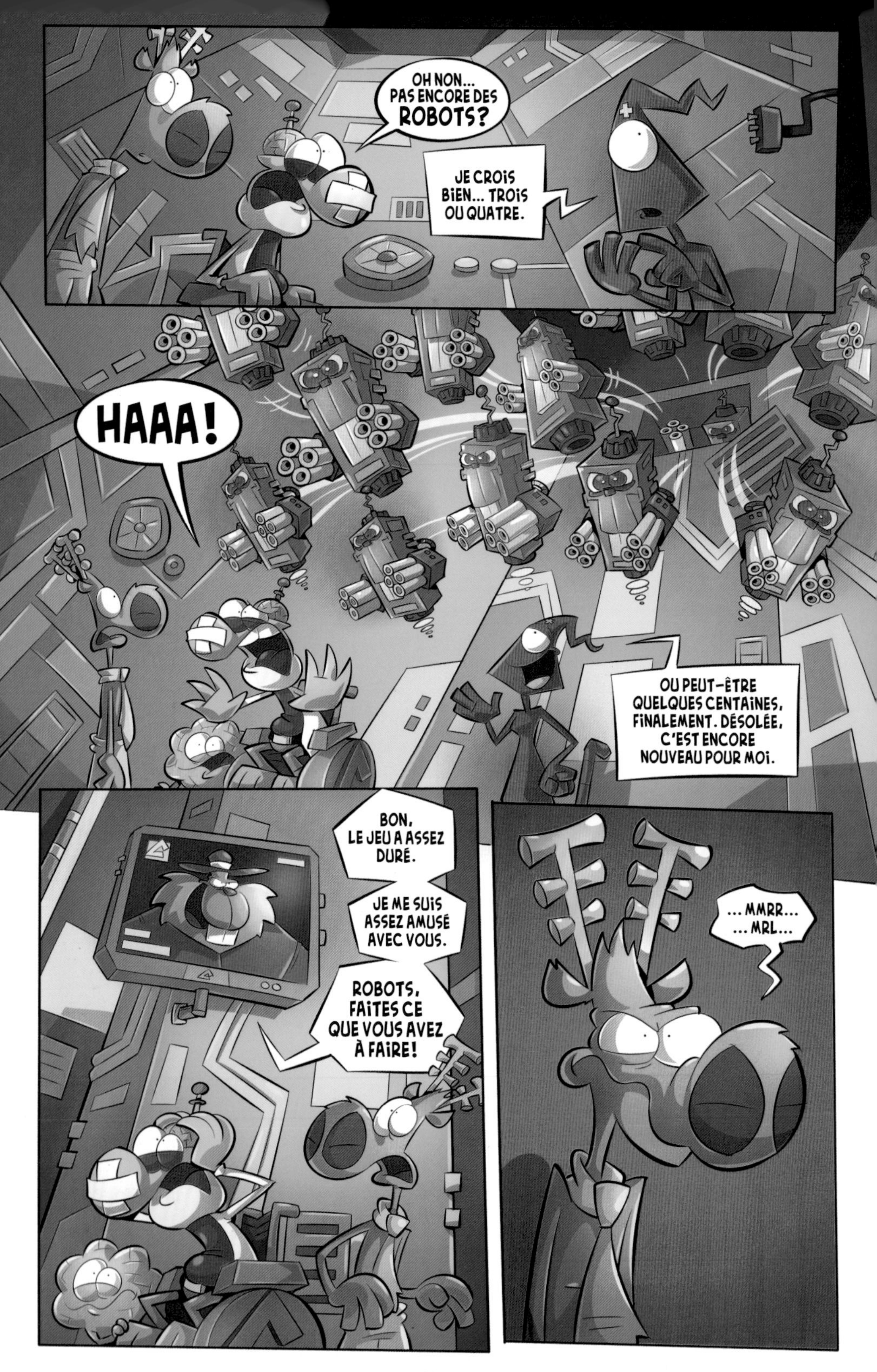
OH NON... PAS ENCORE DES ROBOTS?
JE CROIS BIEN... TROIS OU QUATRE.
HAAA!
OU PEUT-ÊTRE QUELQUES CENTAINES, FINALEMENT. DÉSOLÉE, C'EST ENCORE NOUVEAU POUR MOI.
BON, LE JEU A ASSEZ DURÉ.
JE ME SUIS ASSEZ AMUSÉ AVEC VOUS.
ROBOTS, FAITES CE QUE VOUS AVEZ À FAIRE!
... MMRR... ... MRL...

C'EST MOI OU... IL EST FÂCHÉ?
... CE SERAIT ÉTONNANT.
IL EST MIGNON COMME ÇA!
YAAAAAA!!!
AUX ABRIS!!!
PIF
PAF
KONG
BOUHOUHOU! ON EST FOUTUS!
MON HOROSCOPE LE DISAIT!
VOUS SEREZ ATTAQUÉ PAR DES CENTAINES DE ROBOTS!!!
VOUS DEUX, ÇA SUFFIT!
VOUS N'ÊTES QUE DEUX BÉBÉS!
ARRÊTEZ DE PLEURER CHACUN DE VOTRE CÔTÉ ET DE VOUS AFFRONTER SANS ARRÊT!
ENSEMBLE, VOUS FORMEZ L'ÊTRE LE PLUS INTELLIGENT DE LA PLANÈTE!

... JE CROIS QUE TU FAIS ERREUR...
VRAIMENT?!
VOUS AVEZ RÉUSSI À CRÉER UN FRIGO TEMPOREL, DES TROUS NOIRS ARTIFICIELS, DES GENOUX LASERS...
VOUS AVEZ MÊME RÉUSSI À CRÉER UNE INTELLIGENCE ARTIFICIELLE TOUT À FAIT RÉVOLUTIONNAIRE.
INTELLIGENCE...
... QUI EST EN TRAIN DE VOUS FAIRE LA MORALE EN CE MOMENT MÊME.
C'EST VRAI QUE, DEPUIS QUE TU ES AVEC MOI, JE NE ME SUIS JAMAIS SENTI AUSSI...
IMAGINATIF.
... PARTENAIRES?
... OK!
ON A UNE IDÉE!

BON! CE N'EST PAS TROP TÔT. C'EST QUOI?
IL Y A UN AN, J-C A RÉUSSI À BRANCHER SON CORTEX DIRECTEMENT DANS LES CIRCUITS DE L'ÉDIFICE.
ET SI ON LE REFAISAIT ENSEMBLE, LE VIRUS DU CASTOR NE POURRA PLUS RIEN CONTRE LA PUISSANCE DE NOTRE INTELLIGENCE.
C'EST UN PEU CE QUE VOUS AVEZ FAIT AVEC MOI, NON?
OUI. MAIS CETTE FOIS, CE SERA LA VICTOIRE.
CAR AUCUN ORDINATEUR N'EST PLUS PUISSANT QUE LE CERVEAU.
PARFAIT, MAIS... COMMENT ALLEZ-VOUS VOUS BRANCHER?
AVEC ÇA!
LE NEURO-CONVERTISSEUR DE GABRIEL LOBE!
IL TRANSFORME LES ONDES CÉRÉBRALES EN DONNÉES INFORMATIQUES.
EUH, C'EST BIENTÔT FINI, LE SEGMENT EXPLICATIF? PARCE QUE JE COMMENCE À ÊTRE UN PEU FATIGUÉ...
MAIS... PRENEZ VOTRE TEMPS, Y A PAS DE PRESSE!

EMBARQUE.
JE NE PEUX PLUS LES RETENIR!!!

NOUS NE FORMONS QU'UN. NOUS SOMMES UNIQUES...
NOUS SOMMES...
L'AGENCE.
HA! HA! J'AI RÉUSSI! JE SUIS TROP FORTE!
AÏE!
DÉSOLÉE. ÇA VA?
JUSTE QUELQUES ORGANES PERFORÉS.
ÇA VA PASSER.
OH, JE DÉTECTE...
QUELQUE CHOSE D'AUTRE...
UN CONCENTRÉ D'ÉNERGIE TRÈS INTENSE...
PLUS DE ROBOTS?
NON... C'EST AUTRE CHOSE...

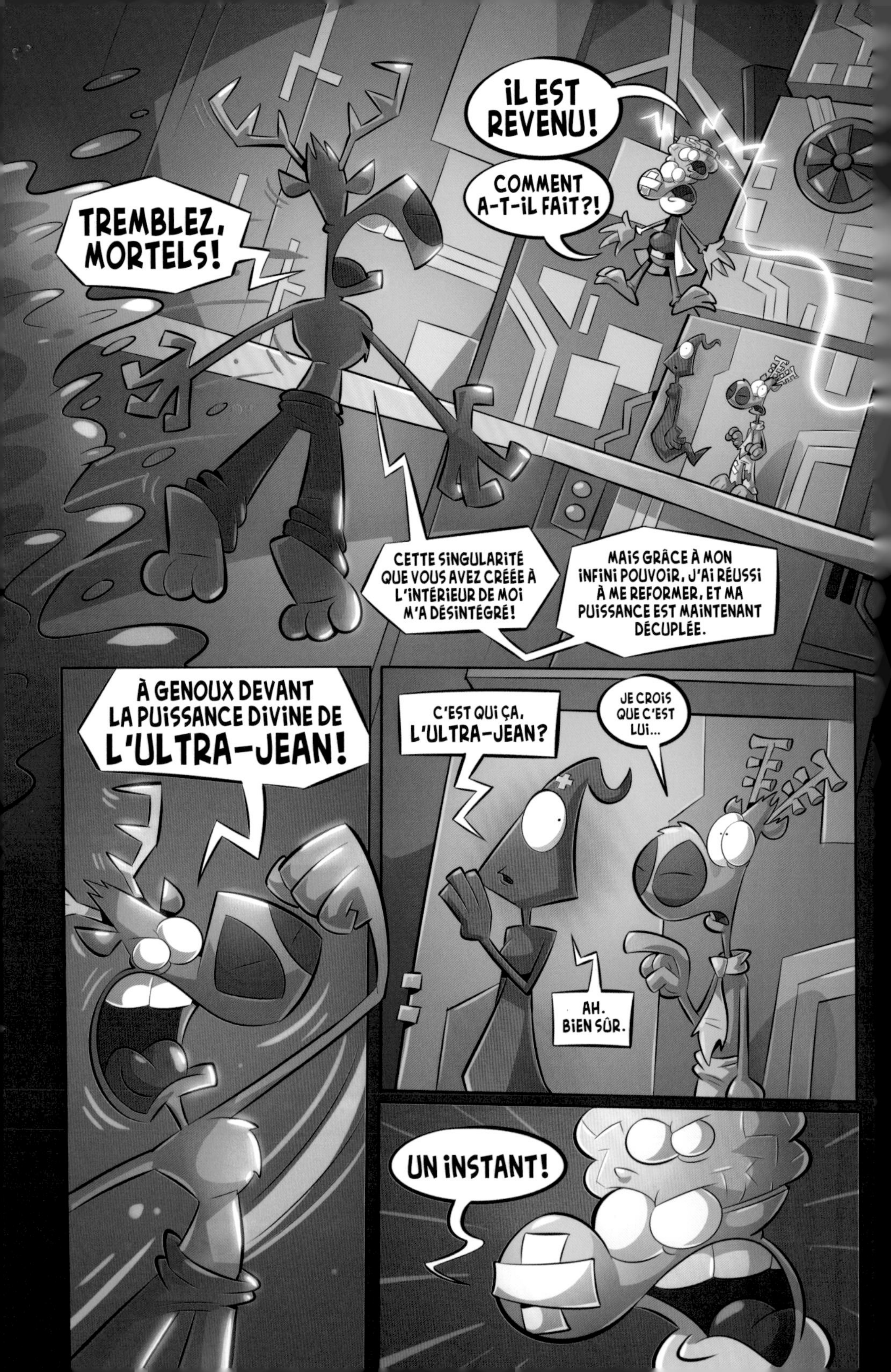
TREMBLEZ, MORTELS!
IL EST REVENU!
COMMENT A-T-IL FAIT?!
CETTE SINGULARITÉ QUE VOUS AVEZ CRÉÉE À L'INTÉRIEUR DE MOI M'A DÉSINTÉGRÉ!
MAIS GRÂCE À MON INFINI POUVOIR, J'AI RÉUSSI À ME REFORMER, ET MA PUISSANCE EST MAINTENANT DÉCUPLÉE.
À GENOUX DEVANT LA PUISSANCE DIVINE DE L'ULTRA-JEAN!
C'EST QUI ÇA, L'ULTRA-JEAN?
JE CROIS QUE C'EST LUI...
AH. BIEN SÛR.
UN INSTANT!

TU AS PEUT-ÊTRE LA FORCE D'UN DIEU, MAIS NOUS, NOUS SOMMES L'INTELLIGENCE SUPRÊME.
ET L'INTELLIGENCE VA TOUJOURS VAINCRE LES MUSCLES!
PROUVE-LE, FOURMI.
VOOOOM
C'EST TOUT CE QUE VOUS AVEZ?
... NON.

ET UNE
DE PLUS!
VOUS...
AVEZ... ÉNERVÉ...
L'ULTRA-JEAN.

... CE SONT LES SEULS ROBOTS QU'ON AVAIT?
J'EN AI BIEN PEUR.
ON A UNE AUTRE IDÉE?
OUI.
MAIS ÇA N'A PAS MARCHÉ LA PREMIÈRE FOIS!
IL EN FAUT UN PLUS GROS. PLUS MASSIF.
TU SURCHARGES LA BOULE AVEC L'ÉNERGIE DE L'ÉDIFICE?!
LES CONDUITS D'ÉNERGIE SONT DIRECTEMENT RELIÉS AU CUBE MAUVE.
ON VA SE SERVIR DE SA PROPRE PUISSANCE CONTRE LUI.
C'EST PRÊT.

HA!!! QU'EST-CE QU'ON A FAIT LÀ?!
HÉ! N'ESSAIE PAS DE M'INCLURE LÀ-DEDANS, TOI!
EXPLOSION NUMÉRO SIX!
TSHAWIV!!!

NON!!!
HiiiiGGHHH!
COMMENT TU FAIS POUR NE PAS FORCER?
JE SUIS FAITE DE LUMIÈRE! JE NE PEUX PAS ÊTRE ASPIRÉE.
PRATIQUE!
VOUS NE POURREZ JAMAIS VOUS DÉBARRASSER DE...
L'ULTRA-JEAN!
JE REVIENDRAI!!!
JE...
WAAA!!!
TiK!

JEAN!
EVA!!! ATTRAPE MA JAMBE!!!
HEIN? AH... OK.

DJIJIJIJKRRRRR...
KAKRAK
C'EST BON, TU PEUX NOUS LÂCHER.
POK!
BANG
PLUS DOUCEMENT LA PROCHAINE FOIS!
TOUJOURS EN TRAIN DE SE PLAINDRE...

PLUS TARD, SUR LE TOIT...
LE CASTOR EST VENU TE PARLER EN RÊVE?

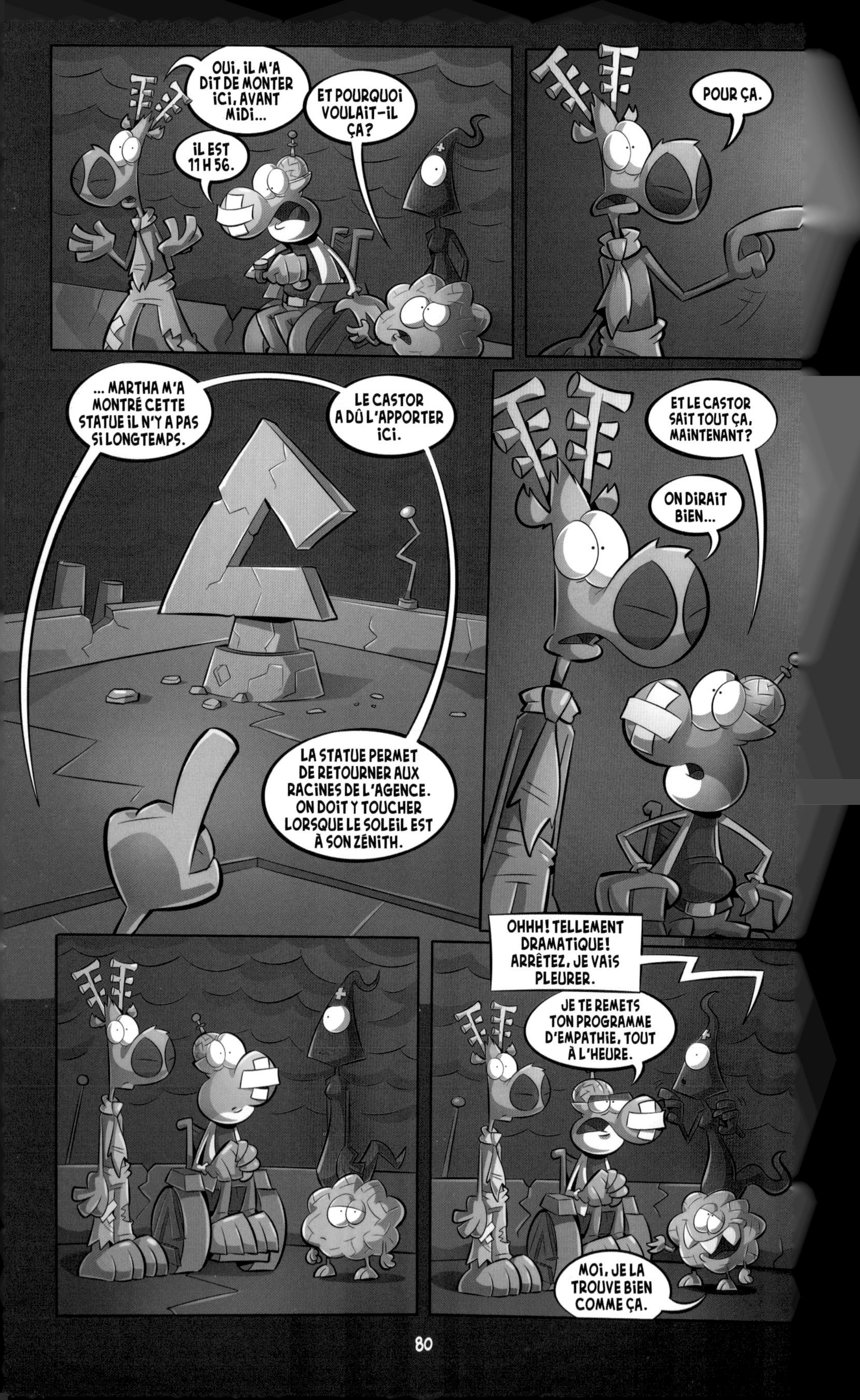
OUI, IL M'A DIT DE MONTER ICI, AVANT MIDI...
IL EST 11 H 56.
ET POURQUOI VOULAIT-IL ÇA?
POUR ÇA.
... MARTHA M'A MONTRÉ CETTE STATUE IL N'Y A PAS SI LONGTEMPS.
LE CASTOR A DÛ L'APPORTER ICI.
LA STATUE PERMET DE RETOURNER AUX RACINES DE L'AGENCE. ON DOIT Y TOUCHER LORSQUE LE SOLEIL EST À SON ZÉNITH.
ET LE CASTOR SAIT TOUT ÇA, MAINTENANT?
ON DIRAIT BIEN...
OHHH! TELLEMENT DRAMATIQUE! ARRÊTEZ, JE VAIS PLEURER.
JE TE REMETS TON PROGRAMME D'EMPATHIE, TOUT À L'HEURE.
MOI, JE LA TROUVE BIEN COMME ÇA.

ALLEZ, JEAN. T'ES LE SEUL QUI PEUT ARRÊTER CE CAUCHEMAR.
ARRÊTE LE CASTOR...
UNE BONNE FOIS POUR TOUTES!
PROMIS.
BLA BLA BLA...

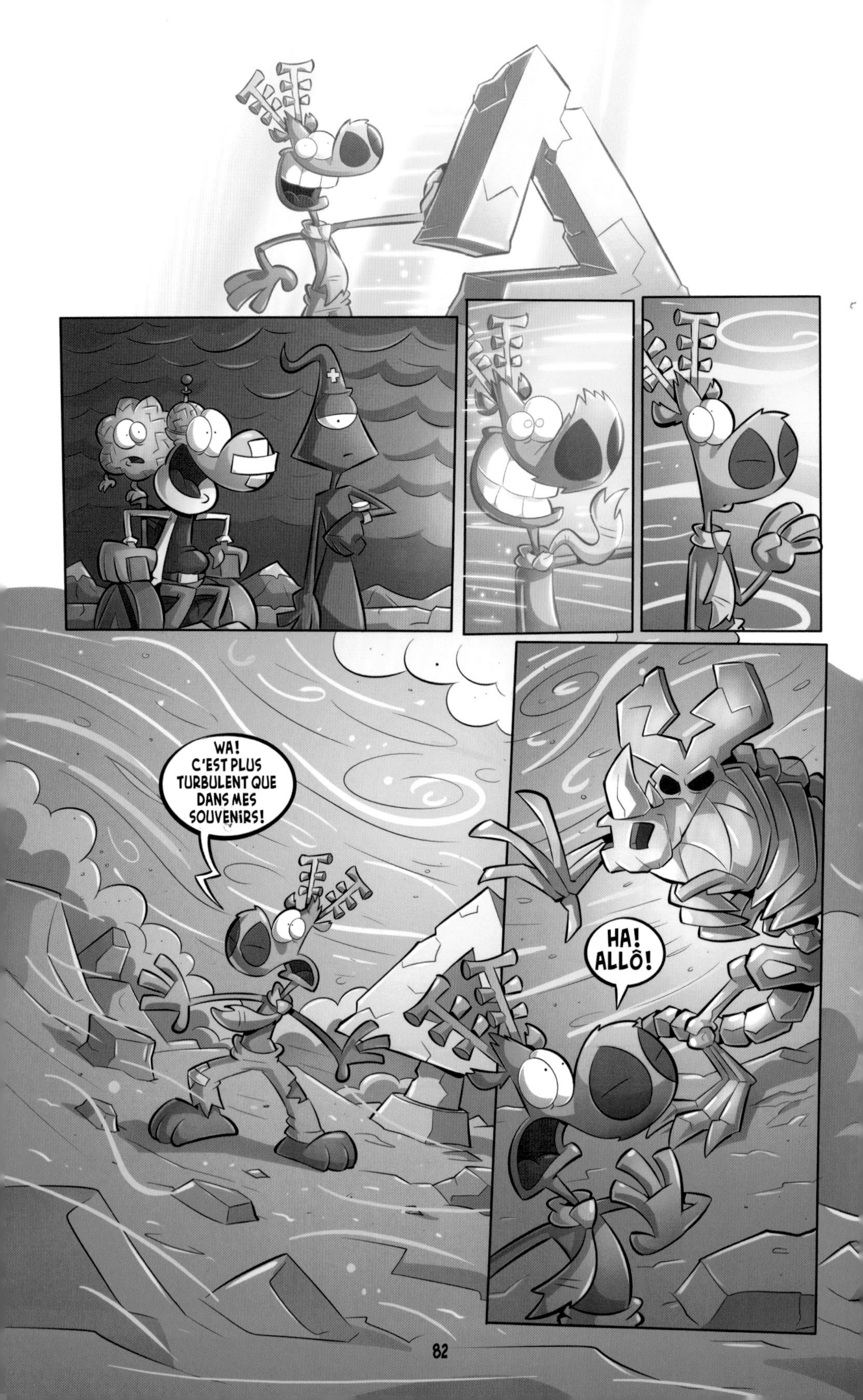
WA! C'EST PLUS TURBULENT QUE DANS MES SOUVENIRS!
HA! ALLÔ!

BABOUM
T'INQUIÈTE PAS, JEAN!
TON PÈRE EST LÀ!

QU'EST-CE QUI S'EST PASSÉ? CE N'ÉTAIT PAS AUSSI... DANGEREUX LA DERNIÈRE FOIS.
LE CASTOR EST ICI, JEAN. SON ÉNERGIE A CONTAMINÉ L'ENDROIT.
REGARDE.
L'AGENCE SE BAT CONTRE LE CASTOR DEPUIS TOUJOURS, MAIS CETTE FOIS, IL EST TEMPS DE L'ÉLIMINER POUR DE BON..
QUI SAIT QUEL SERA L'AVENIR DU MONDE AVEC LUI DANS LES PARAGES.

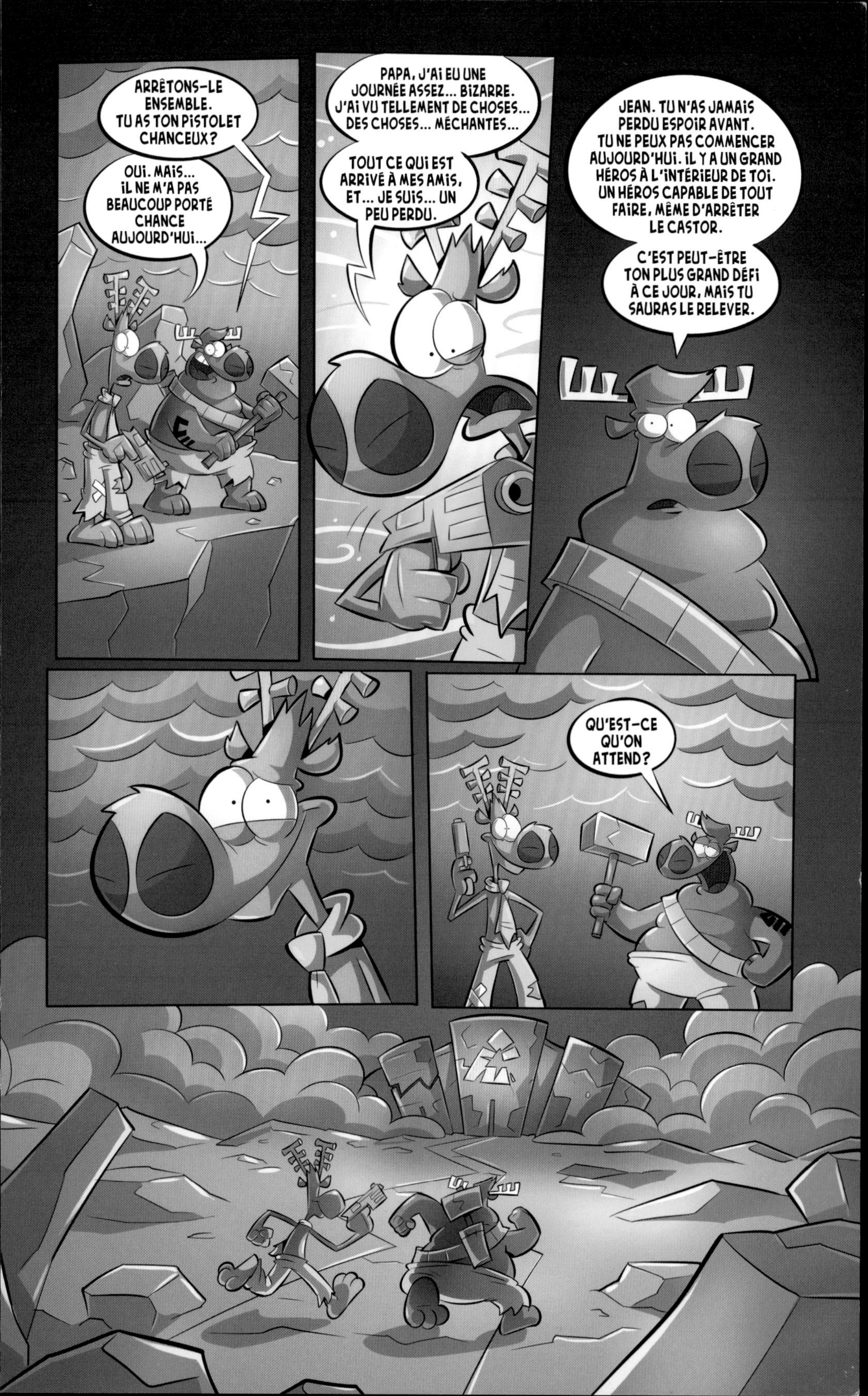
ARRÊTONS-LE ENSEMBLE. TU AS TON PISTOLET CHANCEUX?
OUI. MAIS... IL NE M'A PAS BEAUCOUP PORTÉ CHANCE AUJOURD'HUI...
PAPA, J'AI EU UNE JOURNÉE ASSEZ... BIZARRE. J'AI VU TELLEMENT DE CHOSES... DES CHOSES... MÉCHANTES...
TOUT CE QUI EST ARRIVÉ À MES AMIS, ET... JE SUIS... UN PEU PERDU.
JEAN. TU N'AS JAMAIS PERDU ESPOIR AVANT. TU NE PEUX PAS COMMENCER AUJOURD'HUI. IL Y A UN GRAND HÉROS À L'INTÉRIEUR DE TOI. UN HÉROS CAPABLE DE TOUT FAIRE, MÊME D'ARRÊTER LE CASTOR.
C'EST PEUT-ÊTRE TON PLUS GRAND DÉFI À CE JOUR, MAIS TU SAURAS LE RELEVER.
QU'EST-CE QU'ON ATTEND?

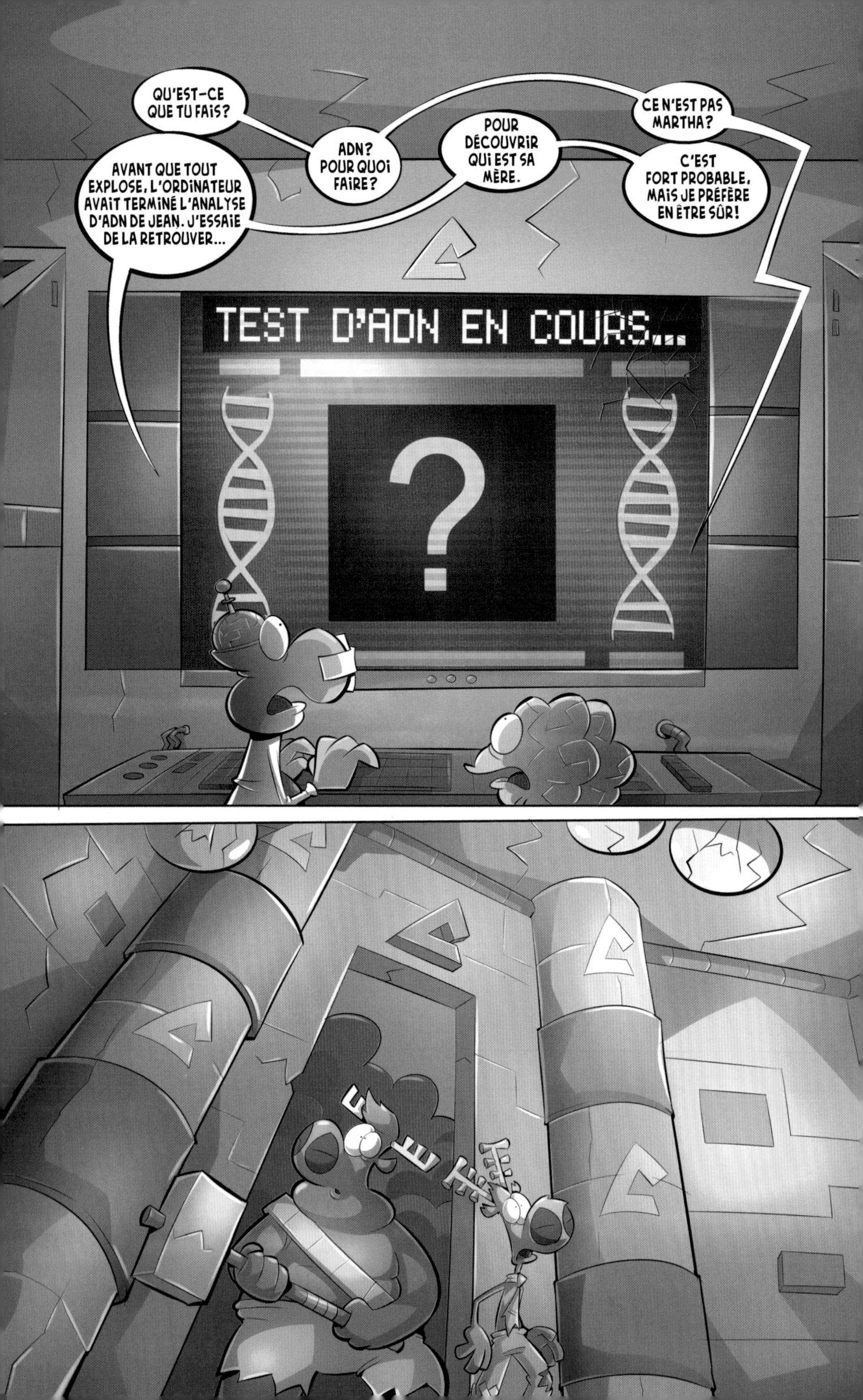
QU'EST-CE QUE TU FAIS?
AVANT QUE TOUT EXPLOSE, L'ORDINATEUR AVAIT TERMINÉ L'ANALYSE D'ADN DE JEAN. J'ESSAIE DE LA RETROUVER...
ADN? POUR QUOI FAIRE?
POUR DÉCOUVRIR QUI EST SA MÈRE.
CE N'EST PAS MARTHA?
C'EST FORT PROBABLE, MAIS JE PRÉFÈRE EN ÊTRE SÛR!
TEST D'ADN EN COURS...
?

CASTOR!!!
AH! VOUS ÊTES LÀ. JE VOUS SOUHAITE LA BIENVENUE! JE VOUS ATTENDAIS.
MARTHA! BILLY! MOIGNONS! BULLE!
VOUS ÊTES VIVANTS!
HA! HA! OUI! CE N'ÉTAIT QUE DE PETITES MISES EN SCÈNE. JE VOULAIS TE FAIRE UNE BLAGUE... DÉSOLÉ, MON SENS DE L'HUMOUR EST PARFOIS ABOMINABLE.
J'ÉTAIS CURIEUX DE VOIR... TES RÉACTIONS FACE À TOUTES CES HORREURS.
TOI QUI ES SI... POSITIF ET IMPERTURBABLE D'HABITUDE. C'ÉTAIT INTÉRESSANT.

NE PERDS PAS TON TEMPS, CASTOR, RIEN NE POURRA ARRÊTER JEAN.
PEUT-ÊTRE... MAIS J'AIMERAIS FAIRE UN DERNIER TEST AVANT DE L'AFFIRMER... TU ES PRÊT, JEAN?
EUH... JE SAIS PAS.
TANT PIS.
BOUM
PAPA!!!
KRAK

ÇA Y EST!
MAIS... C'EST IMPOSSIBLE...
NE BOUGE PAS, PAPA, JE VAIS TE SORTIR DE LÀ!
HA! HA! TU M'AS BIEN EU! OÙ EST MON PÈRE?
TU N'AS PAS DE PÈRE, JEAN. TU N'EN AS JAMAIS EU.
TU ES SEULEMENT...
MA CRÉATION.

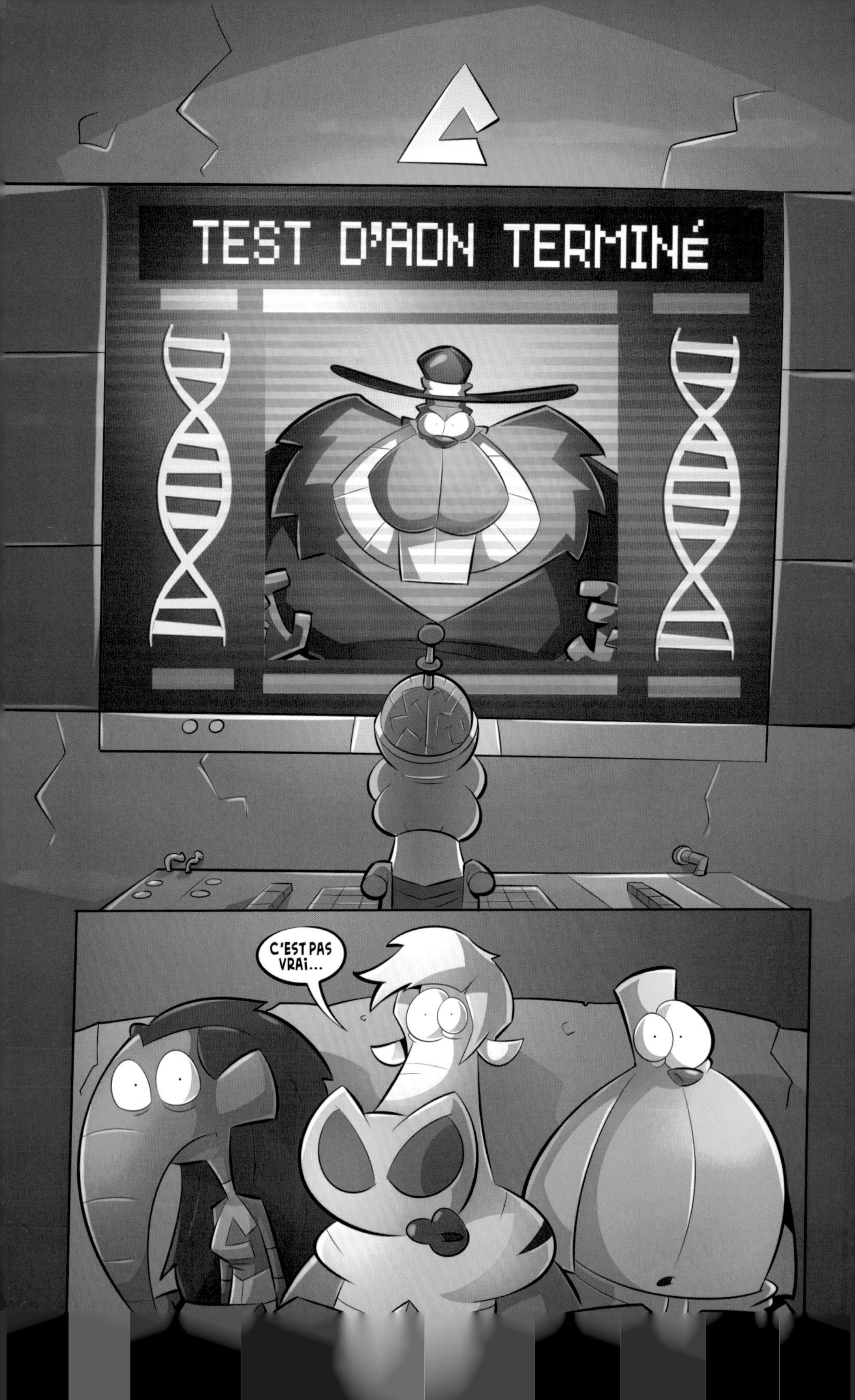
TEST D'ADN TERMINÉ
C'EST PAS VRAI...

À SUIVRE...

MAIS NON, VOYONS!
VOUS CROYEZ QUE
JE VOUS FERAIS
ENCORE LE COUP?

ON CONTINUE!

IL Y A DE CELA… 23 ANS ENVIRON, J'AI EU UNE IDÉE.
J'ALLAIS PRENDRE LE CONTRÔLE DE L'ORGANISATION LA PLUS ANCIENNE, SECRÈTE ET PUISSANTE DE LA PLANÈTE,
L'AGENCE.
MAIS UN PLAN COMME CELUI-LÀ NE S'ÉLABORE PAS EN UNE JOURNÉE.
ÇA PREND… DU TEMPS, DE L'INTELLIGENCE, DE LA DÉBROUILLARDISE, DE LA SUBTILITÉ. JE POURRAIS MÊME DIRE QUE…
… C'EST LA CHOSE LA PLUS DIFFICILE À FAIRE!!!
MAIS JE SUIS PATIENT, ET J'AIME LES DÉFIS.
J'AI DONC PASSÉ UNE ANNÉE COMPLÈTE À METTRE SUR PIED LE PLUS GÉNIAL ET COMPLEXE DE MES PLANS À CE JOUR…

APRÈS QUELQUES JOURS DE RÉFLEXION, J'EUS L'IDÉE PAR EXCELLENCE : CRÉER UN AGENT SUR MESURE...
... CAPABLE D'INFILTRER L'AGENCE...
... ET DE DÉJOUER TOUT LE SYSTÈME DE SURVEILLANCE.
J'AVAIS BESOIN DE CRÉER UNE PERSONNE À QUI...
... VOUS VOUS ATTACHERIEZ DÈS LE DÉBUT.
J'AI DONC SUBTILISÉ L'ADN DE L'AGENT S ET JE LUI AI CRÉÉ UN CLONE...
UN... FILS.
MON PREMIER ESSAI FUT UN DÉSASTRE. UN ÊTRE DIFFORME ET ALBINOS QUI NE RESSEMBLAIT À RIEN...
JE L'AI DONC JETÉ DANS LA ROCAILLE.

FARINE...
J'AI ENSUITE ENGAGÉ UNE EXPERTE EN CLONAGE NOMMÉE HOSTILIA.
ÉTANT ELLE-MÊME UN GÉNIE DU MAL, ELLE M'AIDA DANS MES RECHERCHES AVEC PLAISIR.
ELLE EUT L'IDÉE DE METTRE UN PEU DE MES GÊNES DANS LE MÉLANGE, QUESTION DE RENDRE LE MODÈLE PLUS FORT, PLUS BRILLANT!
AINSI QU'UN PEU DE FORMULE V, MIXTURE QUE JE CONNAIS DEPUIS BIEN LONGTEMPS.
ÇA A FONCTIONNÉ.
J'AI ENSUITE INTÉGRÉ DES SENSEURS DANS SON SYSTÈME NERVEUX, CE QUI ME PERMIT DE VOIR TOUT CE QU'IL VOYAIT ET D'ENTENDRE TOUT CE QU'IL ENTENDAIT.

HÉ OUI, JEAN, TOUT CE QUE TU SAIS, JE LE SAIS AUSSI. ET J'AI TOUS TES SOUVENIRS ICI.
MAIS... C'EST MA VIE...
BON, APRÈS COUP, JE ME SUIS RENDU COMPTE QUE TU N'ÉTAIS PAS PARFAIT. TON CERVEAU N'EST PAS TOUT À FAIT AU POINT ET TU MANQUES CRUELLEMENT DE MÉFIANCE ET DE JUGEMENT!
MAIS JE N'AVAIS PAS BESOIN D'UN ÊTRE ABSOLUMENT PARFAIT, AU CONTRAIRE... SINON TU N'AURAIS PAS ÉTÉ AUSSI...
ATTACHANT.
IL ME FALLAIT ENSUITE INTÉGRER CE NOUVEL ÉLÉMENT À VOTRE ORGANISATION, MAIS CE N'ÉTAIT PAS SI SIMPLE. COMMENT L'INTÉGRER SI L'AGENT S ÉTAIT TOUJOURS VIVANT?
IL ME FALLAIT L'ÉLIMINER.

J'AI DONC MIS AU POINT LE SCÉNARIO DE L'ÉDIFICE Z.
ÇA A ÉTÉ PLUTÔT FACILE. IL ME SUFFISAIT DE MANIPULER UN PEU CASSANDRA ET DE FAIRE CROIRE À TOUT LE MONDE QUE CETTE TRAGÉDIE SERAIT MON PLAN FINAL, METTANT FIN À MES JOURS ET À CEUX DE L'AGENT S.
IL TERMINERAIT DONC SA VIE EN HÉROS! DONNANT AINSI ENCORE PLUS D'IMPORTANCE À LA LÉGENDE DE SON FILS...
MON PÈRE EST VRAIMENT MORT, ALORS?
TU N'AS PAS DE PÈRE, JEAN!

IL... IL ÉTAIT UN ROBOT DEPUIS SON RETOUR?
ÇA VOUS ÉTONNE TANT QUE ÇA?
MOI AUSSI, J'EN ÉTAIS UN LORSQUE NOUS NOUS SOMMES VUS SUR LES TERRES ROUGES.
AVOUEZ QUE VOUS AURIEZ DÛ VOUS DOUTER DE QUELQUE CHOSE, NON?
MAIS... QUI M'A DÉPOSÉ SUR LE PERRON DE L'AGENCE, ALORS?
MAIS OUI... QUI?

MAIS... QU'EST-CE QUE...?
... THÉODORE AVAIT UN FILS?

J'AI PASSÉ LES VINGT ANNÉES SUIVANTES À SUIVRE TON ÉVOLUTION ET À DÉCOUVRIR PETIT À PETIT TOUS LES SECRETS DE L'AGENCE!
MAIS QUAND T
ATTEINT L'ÂGE DE
UN AGENT, C'EST LÀ
RÉELLEMENT COM
À M'AMUSER...
TU NE VEUX PAS DIRE QUE... TOUT CE QUI S'EST PASSÉ DEPUIS UN AN...
OUI! C'ÉTAIT MOI!
C'ÉTAIT PRÉVU.
PENSÉ.
ÉCRIT.

SCÉNARISÉ.
EN DÉTAIL.
EUH... SAUF LE BOUT AVEC GABRIEL LOBE. ÇA, JE N'AI RIEN À VOIR LÀ-DEDANS.
4

C'EST UN PLAN INCROYABLEMENT LONG ET COMPLEXE QUE J'AI DÛ METTRE EN ŒUVRE! MAIS C'EST CE QUE ÇA PRENAIT POUR VOUS AVOIR...
JE NE POUVAIS PAS SIMPLEMENT CRÉER UN BON AGENT SECRET, JE DEVAIS CRÉER UNE LÉGENDE!
ET VOUS, JE DEVAIS VOUS... BRISER. JE SAVAIS QUE VOUS AVIEZ UN INSTINCT REDOUTABLE ET QUE VOUS POURRIEZ ME PINCER À TOUT MOMENT. JE ME SUIS DONC ATTAQUÉ À ÇA DÈS LE DÉBUT, EN VOUS PROUVANT JOUR APRÈS JOUR QUE JEAN ÉTAIT GÉNIAL, ET QUE VOUS AVIEZ TORT DE DOUTER DE LUI.
ÇA N'A PRIS QUE QUELQUES PETITES MISES EN SCÈNE!
NON, WXT NE VOUS A PAS DÉSOBÉI. C'EST MOI QUI AI ENLEVÉ LE TRACEUR DU MISSILE.
IL A TOUJOURS ÉTÉ VOTRE MEILLEUR AGENT ET VOUS L'AVEZ LAISSÉ PARTIR.
J'AI AUSSI FAIT REVENIR L'AGENT S DANS VOTRE VIE... L'HOMME QUE VOUS AIMIEZ, SANS JAMAIS VOUS L'AVOUER.
ÇA VOUS A TROUBLÉ, N'EST-CE PAS?
... OUI.
ENSUITE, TOUT CE QUE ÇA PRENAIT, C'ÉTAIT QUELQUES PETITES APPARITIONS STRATÉGIQUES POUR INSTAURER LA PANIQUE!
COMME CELLE DURANT LE CONSEIL DES DOUZE?
PRÉCISÉMENT! ET MON RETOUR SUR LES TERRES ROUGES. ÇA A EU DE L'EFFET, NON?
MAIS... LA MARQUE SUR MA MAIN? JE... JE SUIS BIEN L'ÉLU, NON?

HAHA! BIEN SÛR QUE NON! C'EST MOI QUI L'AI MISE LÀ, DURANT TA CRÉATION. N'OUBLIE PAS, JE CONNAISSAIS TRÈS BIEN LES LÉGENDES DE L'AGENCE.
JE SAVAIS QUE GRÂCE À CETTE MARQUE, TU SERAIS AUTOMATIQUEMENT NOMMÉ... AGENT AAA.
COMME LES PILES.
DE CETTE MANIÈRE, J'AI ENFIN PU CONNAÎTRE L'EMPLACEMENT DU SECRET LE MIEUX GARDÉ DE L'AGENCE...
CET ÉDIFICE!
L'ÉDIFICE ANCESTRAL. LE BERCEAU DE LA CRÉATION DE VOTRE ORGANISATION! CE N'EST PAS N'IMPORTE QUI QUI A ACCÈS À CET ENDROIT.
HEUREUSEMENT, J'AI ÉTÉ PATIENT, ET VOUS M'AVEZ MONTRÉ LE CHEMIN.
ET VOUS... J'AVOUE QUE CE N'ÉTAIT PAS NÉCESSAIRE DE VOUS FAIRE SOUFFRIR AUTANT... MAIS... QUE VOULEZ-VOUS? ÇA M'AMUSE!

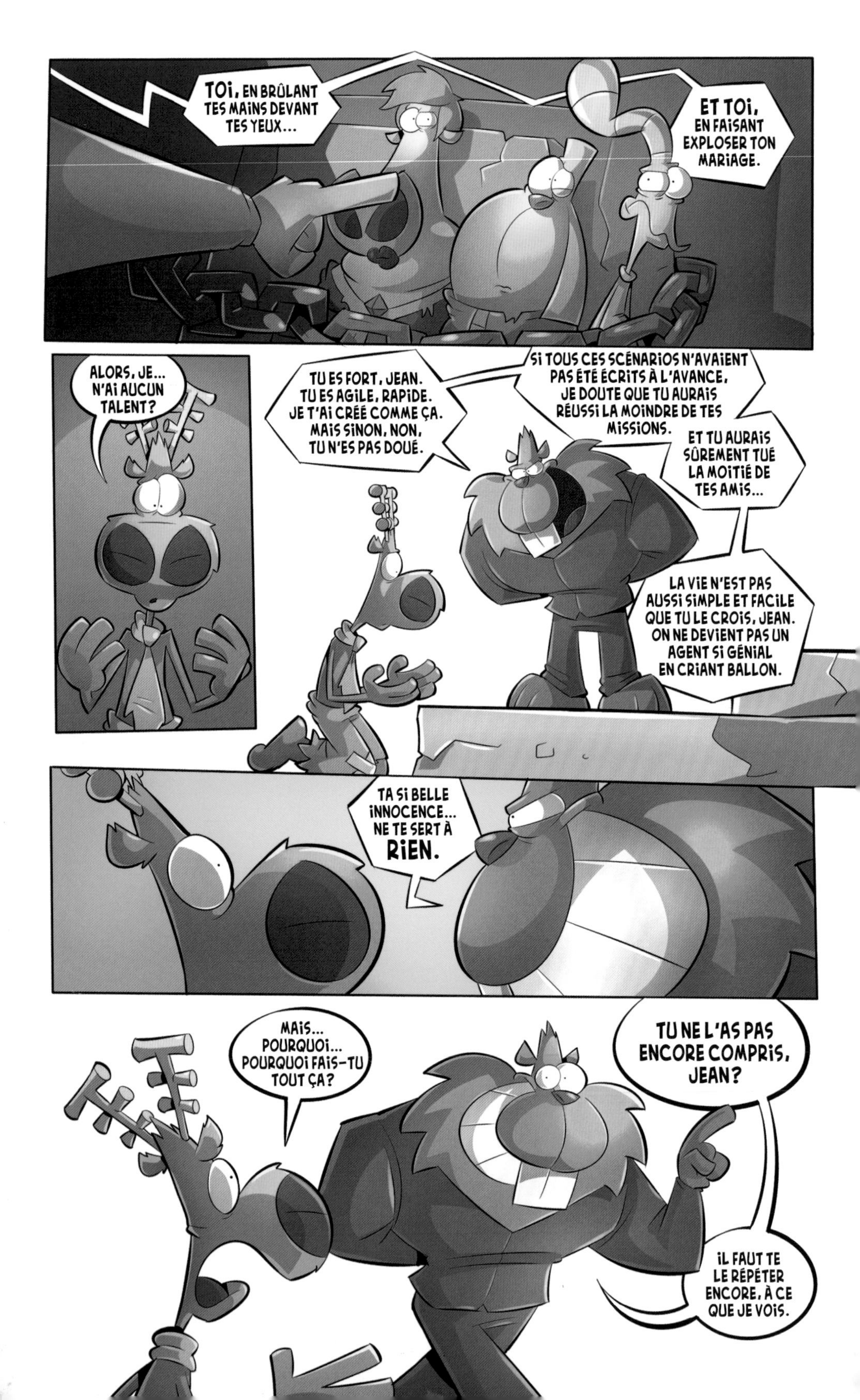
TOI, EN BRÛLANT TES MAINS DEVANT TES YEUX...
ET TOI, EN FAISANT EXPLOSER TON MARIAGE.
ALORS, JE... N'AI AUCUN TALENT?
TU ES FORT, JEAN. TU ES AGILE, RAPIDE. JE T'AI CRÉÉ COMME ÇA. MAIS SINON, NON, TU N'ES PAS DOUÉ.
SI TOUS CES SCÉNARIOS N'AVAIENT PAS ÉTÉ ÉCRITS À L'AVANCE, JE DOUTE QUE TU AURAIS RÉUSSI LA MOINDRE DE TES MISSIONS.
ET TU AURAIS SÛREMENT TUÉ LA MOITIÉ DE TES AMIS...
LA VIE N'EST PAS AUSSI SIMPLE ET FACILE QUE TU LE CROIS, JEAN. ON NE DEVIENT PAS UN AGENT SI GÉNIAL EN CRIANT BALLON.
TA SI BELLE INNOCENCE... NE TE SERT À RIEN.
MAIS... POURQUOI... POURQUOI FAIS-TU TOUT ÇA?
TU NE L'AS PAS ENCORE COMPRIS, JEAN?
IL FAUT TE LE RÉPÉTER ENCORE, À CE QUE JE VOIS.

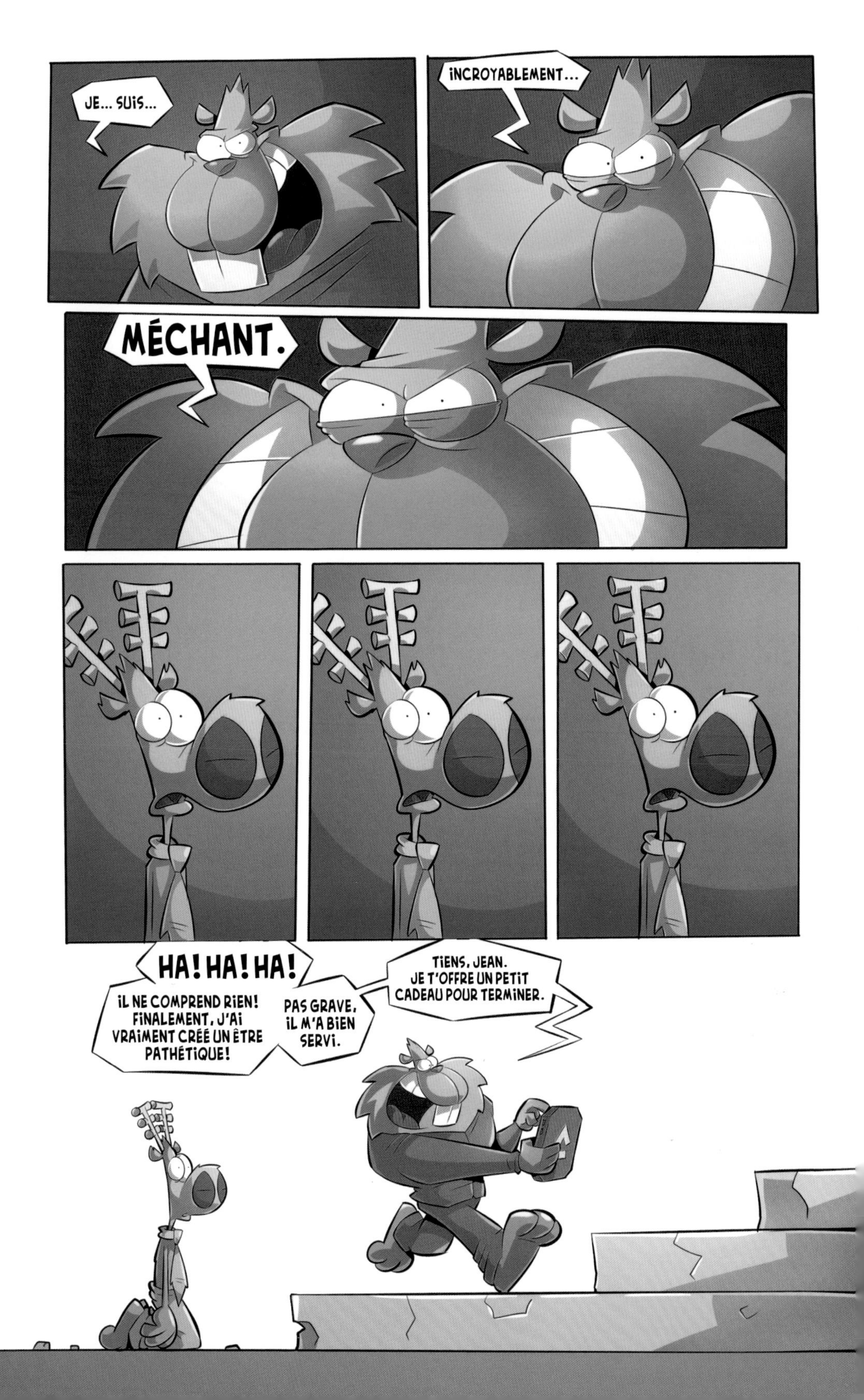
JE... SUIS...
INCROYABLEMENT...
MÉCHANT.
HA! HA! HA!
IL NE COMPREND RIEN! FINALEMENT, J'AI VRAIMENT CRÉÉ UN ÊTRE PATHÉTIQUE!
PAS GRAVE, IL M'A BIEN SERVI.
TIENS, JEAN. JE T'OFFRE UN PETIT CADEAU POUR TERMINER.

J'AI ARRÊTÉ MON PROGRAMME DE SURVEILLANCE, TU ES LIBRE. JE N'AI PLUS ACCÈS À TES SENS, MAINTENANT. JE SUIS BIEN CURIEUX DE VOIR CE QUE TU VAS DEVENIR...
PROGRAMME AGENT JEAN
DÉSACTIVÉ
... MAINTENANT QUE TU N'AS PLUS RIEN.
BON!
QU'EST-CE QU'ON FAIT MAINTENANT?
MON PLAN DIABOLIQUE EST ACCOMPLI, JE SUIS LIBRE COMME L'AIR!
AHHH, ÇA FAIT DU BIEN. ON SORT PRENDRE UN CORNET? VINGT-TROIS ANS DE PLANIFICATION! ÇA MÉRITE UNE RÉCOMPENSE!
ET POURQUOI VOUS NE NOUS TUEZ PAS TOUS?
AH, C'EST AUSSI UNE BONNE IDÉE.
UNE BELLE EXPLOSION POUR FINIR.
JEAN, TU AIMES ÇA, LES EXPLOSIONS, NON? À COMBIEN ES-TU RENDU DANS TON CALEPIN?
BOOM

KRAK
VZLOOOOO
OOM

TU CROYAIS VRAIMENT QUE JE LES LAISSERAIS TOMBER COMME ÇA?
TU CROYAIS VRAIMENT QUE J'ABANDONNERAIS TOUT CE QUI COMPTE POUR MOI?!?
BANG!
MOI AUSSI, JE SUIS CAPABLE D'AGIR DANS L'OMBRE. MOI AUSSI, JE PEUX TE DÉJOUER.
TU AS FAIT UNE ERREUR DANS TON PLAN. TU M'AS SOUS-ESTIMÉ.
HA! HA! LE PLAN EST FINI, WXT! L'AGENCE EST DÉJÀ À MOI! TU NE PEUX RIEN Y FAIRE!
ARGH!
TOC

ARRÊTEZ. ÇA NE SERT À RIEN. ON DOIT PARTIR D'ICI.
OUI, MADAME.
À VOS ORDRES.
CONTENTE DE VOUS REVOIR.
HA! HA!
HA! HA!

HA! HA! HA!
HAAAAA!!!
AAAAHHH... QUELLE BELLE JOURNÉE!

TEST D'ADN TERMINÉ
VOUS ÊTES VIVANTS?!
MAIS... QU'EST-CE QUI S'EST PASSÉ?!
C'EST UNE **TRÈS** LONGUE HISTOIRE.
VOUS VOUS ÊTES RÉCONCILIÉS, VOUS DEUX?
SI ON PEUT DIRE.
QU'EST-CE QUI RESTE DE L'ÉDIFICE?
PAS GRAND-CHOSE. ÇA PRENDRAIT PLUSIEURS MOIS POUR TOUT RÉPARER, MÊME AVEC L'AIDE DU SYSTÈME AUTOMATIQUE.
HAAA! UN FANTÔME!
NAN, JE SUIS UNE INTELLIGENCE ARTIFICIELLE SOUS FORME HOLOGRAPHIQUE.
AH. ALLÔ.
OH NON. DES DIZAINES DE VAISSEAUX...
DES VAISSEAUX VENANT DES AUTRES ÉDIFICES.
ILS VIENNENT PAR ICI.

RENDEZ-VOUS, ÉDIFICE A. VOUS N'AVEZ AUCUNE CHANCE CONTRE NOUS.
F
B
C
PAPA ?
TU N'ES PLUS EN SÉCURITÉ AVEC EUX, REVIENS AVEC MOI, MA FILLE.
JAMAIS !
TOUT CE QUI RESTE DES ÉDIFICES DE L'AGENCE EST EN NOTRE CONTRÔLE, MARTHA.
F
RENDEZ-VOUS. IL N'Y A PLUS D'ISSUE.

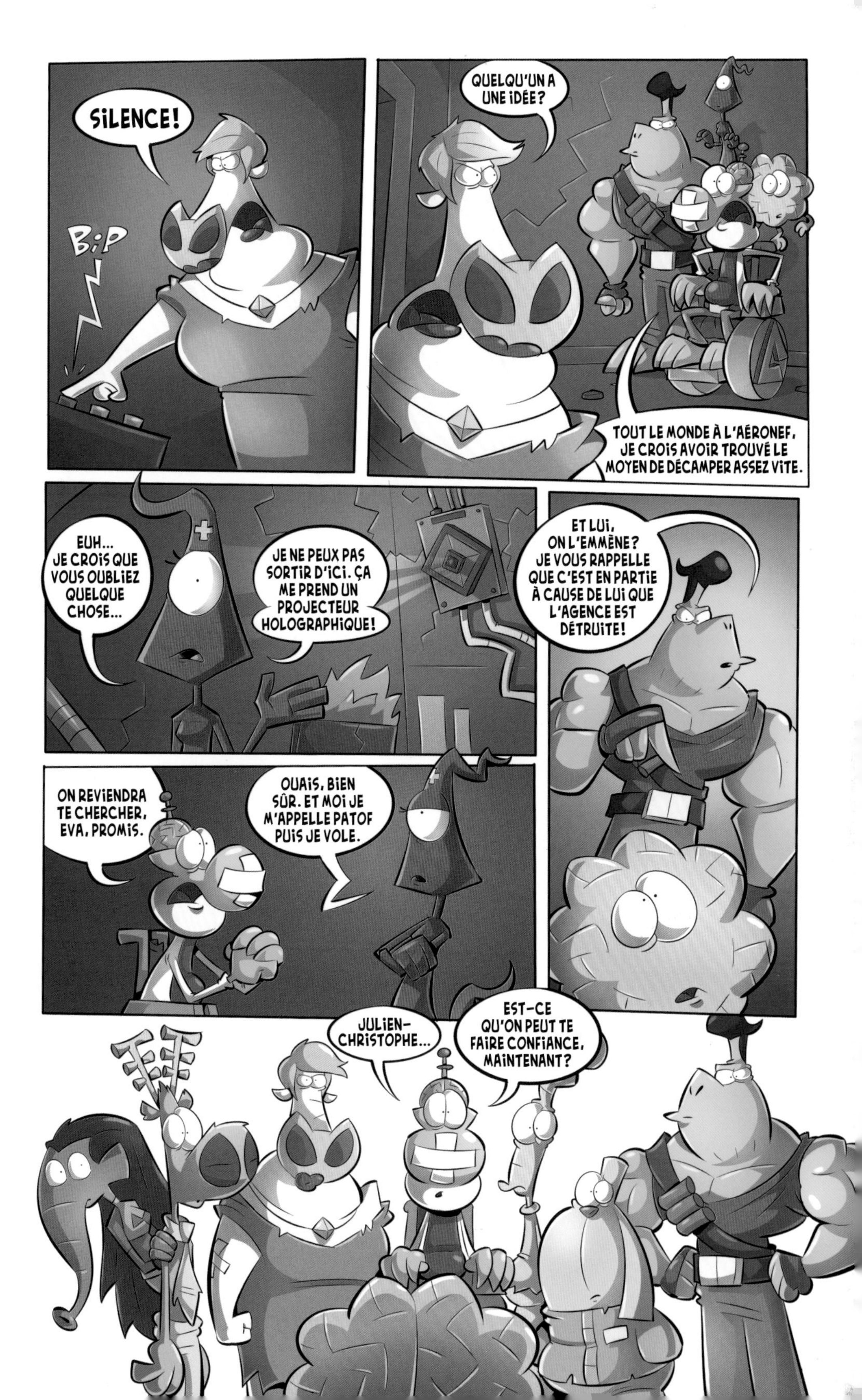
SILENCE!
BIP
QUELQU'UN A UNE IDÉE?
TOUT LE MONDE À L'AÉRONEF, JE CROIS AVOIR TROUVÉ LE MOYEN DE DÉCAMPER ASSEZ VITE.
EUH... JE CROIS QUE VOUS OUBLIEZ QUELQUE CHOSE...
JE NE PEUX PAS SORTIR D'ICI. ÇA ME PREND UN PROJECTEUR HOLOGRAPHIQUE!
ET LUI, ON L'EMMÈNE? JE VOUS RAPPELLE QUE C'EST EN PARTIE À CAUSE DE LUI QUE L'AGENCE EST DÉTRUITE!
ON REVIENDRA TE CHERCHER, EVA, PROMIS.
OUAIS, BIEN SÛR. ET MOI JE M'APPELLE PATOF PUIS JE VOLE.
JULIEN-CHRISTOPHE...
EST-CE QU'ON PEUT TE FAIRE CONFIANCE, MAINTENANT?

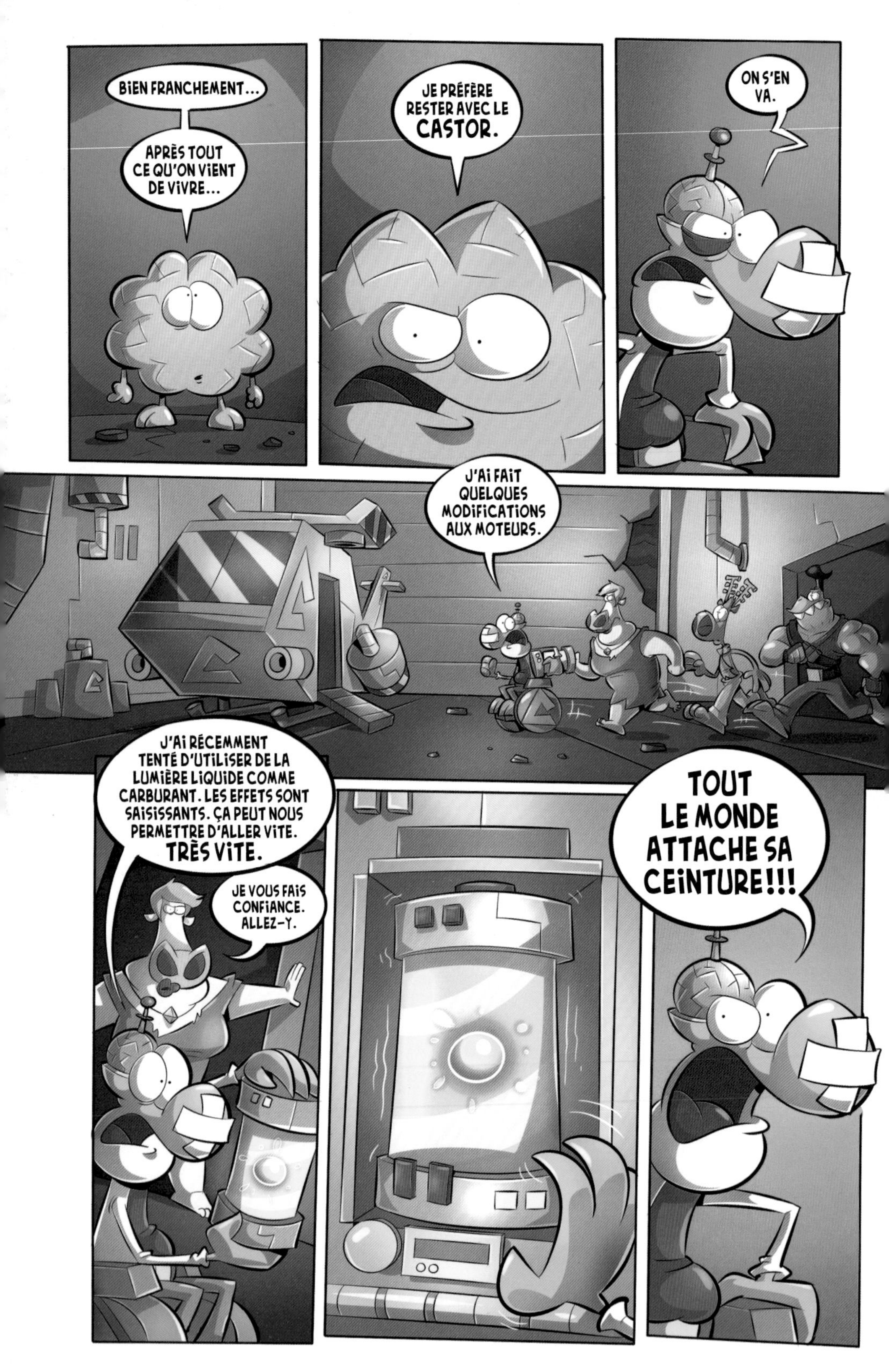
BIEN FRANCHEMENT...
APRÈS TOUT CE QU'ON VIENT DE VIVRE...
JE PRÉFÈRE RESTER AVEC LE CASTOR.
ON S'EN VA.
J'AI FAIT QUELQUES MODIFICATIONS AUX MOTEURS.
J'AI RÉCEMMENT TENTÉ D'UTILISER DE LA LUMIÈRE LIQUIDE COMME CARBURANT. LES EFFETS SONT SAISISSANTS. ÇA PEUT NOUS PERMETTRE D'ALLER VITE. TRÈS VITE.
JE VOUS FAIS CONFIANCE. ALLEZ-Y.
TOUT LE MONDE ATTACHE SA CEINTURE!!!

DOOOOOUHHH...
ZIOU
ZIOU
ZIOU...
TOOOUUUIIIII....
ZAAAMMM
WOW! C'ÉTAIT QUOI?!
WOW! NOUS ALLONS À 26 000 KM/H!

JEAN, JE VOULAIS TE DIRE... C'EST VRAI QUE JE NE T'AI JAMAIS BEAUCOUP AIMÉ, MAIS...
TU NE MÉRITAIS PAS ÇA. VRAIMENT PAS.
MERCI, W...
OÙ EST-CE QU'ON VA MAINTENANT?
J'AI MON IDÉE.
ALLEZ VERS L'EST.
USINE ABANDONNÉE INC.

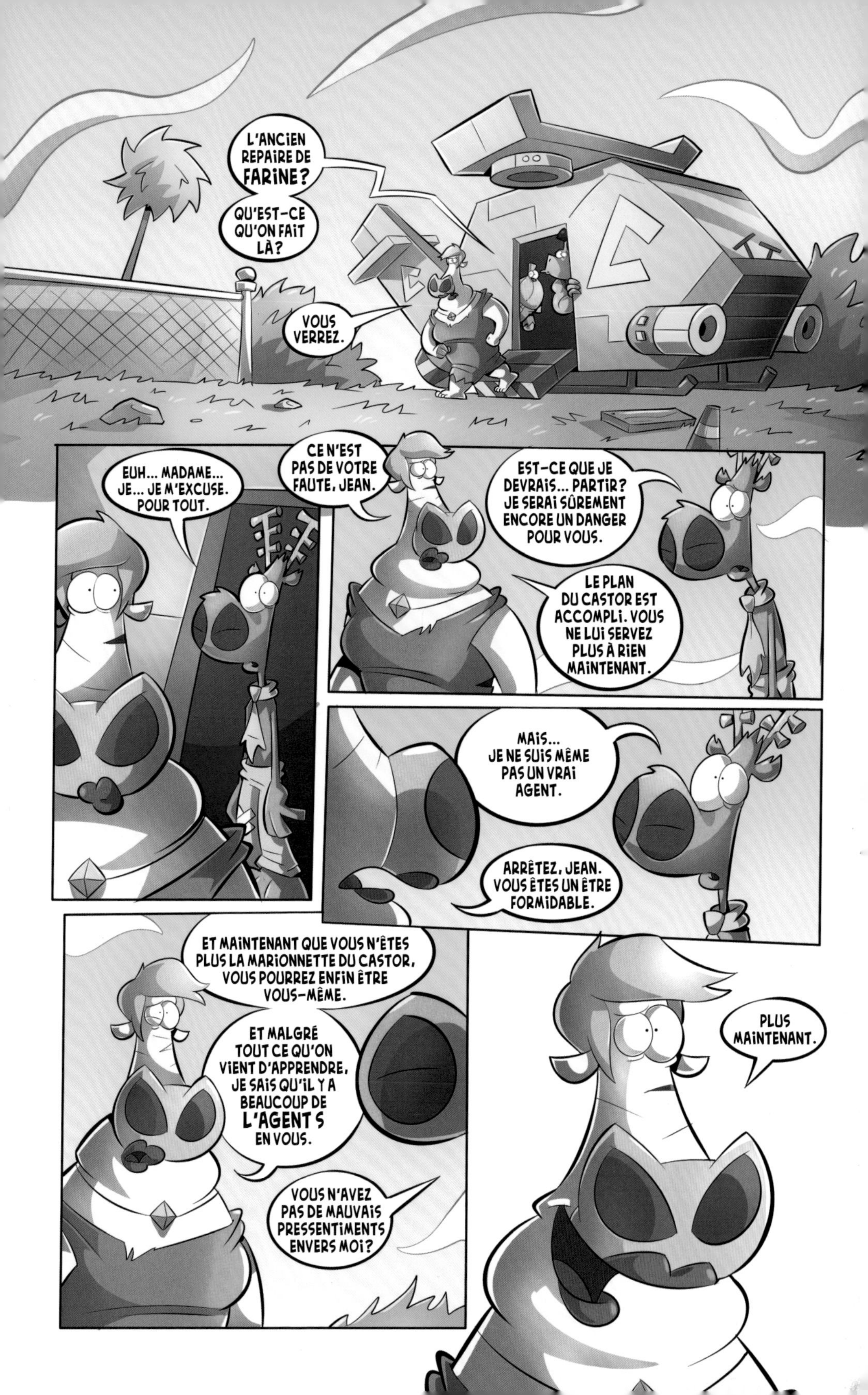
L'ANCIEN REPAIRE DE FARINE?
QU'EST-CE QU'ON FAIT LÀ?
VOUS VERREZ.
EUH... MADAME... JE... JE M'EXCUSE. POUR TOUT.
CE N'EST PAS DE VOTRE FAUTE, JEAN.
EST-CE QUE JE DEVRAIS... PARTIR? JE SERAI SÛREMENT ENCORE UN DANGER POUR VOUS.
LE PLAN DU CASTOR EST ACCOMPLI. VOUS NE LUI SERVEZ PLUS À RIEN MAINTENANT.
MAIS... JE NE SUIS MÊME PAS UN VRAI AGENT.
ARRÊTEZ, JEAN. VOUS ÊTES UN ÊTRE FORMIDABLE.
ET MAINTENANT QUE VOUS N'ÊTES PLUS LA MARIONNETTE DU CASTOR, VOUS POURREZ ENFIN ÊTRE VOUS-MÊME.
ET MALGRÉ TOUT CE QU'ON VIENT D'APPRENDRE, JE SAIS QU'IL Y A BEAUCOUP DE L'AGENT S EN VOUS.
VOUS N'AVEZ PAS DE MAUVAIS PRESSENTIMENTS ENVERS MOI?
PLUS MAINTENANT.

ALLEZ, VENEZ.
POURQUOI REVIENT-ON ICI?
POURQUOI CROYEZ-VOUS QUE JE FAIS CE TRAVAIL, DANS LA VIE?
ÇA PAIE BIEN?
EUH, JE SAIS PAS...
J'AIME CE QUE JE FAIS. J'AIME CETTE PLANÈTE.
ET ELLE DOIT ÊTRE PROTÉGÉE.
TIC
ET JE SUIS TERRIBLEMENT DOUÉE DANS CE DOMAINE.
BIP

CLIK
UNE BASE SECRÈTE!
ÇA FAIT UN AN QUE J'AI L'INTUITION QU'UNE CATASTROPHE EST SUR LE POINT D'ARRIVER AVEC L'AGENCE.
DEPUIS LE JOUR OÙ HENRY A ÉTÉ ENLEVÉ, ICI.
ALORS, J'AI CRU BON DE RÉCUPÉRER L'ENDROIT POUR Y ENTREPOSER QUELQUES GADGETS QUI NOUS SERAIENT UTILES. DANS L'ÉVENTUALITÉ OÙ... NOUS PERDRIONS L'AGENCE.
VOUS AVIEZ UN PLAN B TOUT CE TEMPS?
ET PERSONNE NE LE SAVAIT? MÊME PAS LES AUTRES CHEFS D'ÉDIFICE?
PERSONNE NE DEVAIT LE SAVOIR. SINON, NOUS L'AURIONS DÉJÀ PERDU.
PLAN B

MAIS MAINTENANT, C'EST L'HEURE DE NOUS EN SERVIR.
ALORS TOUT LE MONDE À SON POSTE.
NOUS ALLONS RÉCUPÉRER L'AGENCE.

alex@alexbd.com - alexbd.com - www.facebook.com/agentjean

L'UNIVERS
EST UN
NINJA
ALEX A.
BIENTÔT EN LIBRAIRIE

TERRE DU CASTOR, DEUX ANS PLUS TARD...
MAIS D'OÙ ÇA VENAIT, ÇA!?!
PEU IMPORTE, ON DOIT DÉCAMPER!
ON A TELLEMENT PLUS DE MOYENS QU'EUX! COMMENT PEUVENT-ILS NOUS CHAUFFER LES FESSES À CE POINT?
T'INQUIÈTE PAS. LE PATRON SAURA LES BATTRE.
MOUAIS... JE COMMENCE À EN ÊTRE MOINS SÛR...
BOOM
OH NON, C'EST LUI...
MAIS... JE CROYAIS QU'IL AVAIT DISPARU!

YAHOU!
EXPLOSION NUMÉRO HUIT!!!
BOOM!